高等职业教育**计算机类专业**系列

（ 大 数 据 技 术 专 业 ）

U0587549

商务数据分析
与可视化（微课版）

主　编　王冬梅　　陈星如

副主编　刘群麾　　曲晓玉

参　编　方小婷　　王秀君

重庆大学出版社

内容提要

本书以企业真实业务流程及应用为主导,主要内容包括商务数据分析概述、商务数据处理、商务数据分析方法、数据可视化、商务数据分析工具、商务数据分析应用和分析报告撰写。同时,关注实际应用、业务问题以及未来发展趋势,从业务模块到应用模块将理论与实际操作相结合,从而提升学生的业务认知和实践能力。

本书可作为高职院校大数据技术、商务数据分析与应用、统计与大数据分析等专业相关课程的教材,也可作为对商务数据分析与可视化感兴趣人士的自学用书。

图书在版编目(CIP)数据

商务数据分析与可视化:微课版 / 王冬梅,陈星如
主编 . -- 重庆 : 重庆大学出版社, 2024. 3. --（高等
职业教育大数据技术专业系列教材）. -- ISBN 978-7
-5689-4567-7

Ⅰ . F712.3

中国国家版本馆 CIP 数据核字第 2024U3S417 号

商务数据分析与可视化
（微课版）

主　编　王冬梅　陈星如
副主编　刘群麾　曲晓玉
策划编辑:苟荟羽

责任编辑:付 勇　　版式设计:苟荟羽
责任校对:关德强　　责任印制:张 策

*

重庆大学出版社出版发行
出版人:陈晓阳
社址:重庆市沙坪坝区大学城西路 21 号
邮编:401331
电话:(023)88617190　88617185(中小学)
传真:(023)88617186　88617166
网址:http://www.cqup.com.cn
邮箱:fxk@cqup.com.cn(营销中心)
全国新华书店经销
重庆正文印务有限公司印刷

*

开本:787mm×1092mm　1/16　印张:13.5　字数:331 千
2024 年 3 月第 1 版　　2024 年 3 月第 1 次印刷
ISBN 978-7-5689-4567-7　定价:49.00 元

PREFACE 前言

在当今数字化时代,数据已成为继土地、劳动力、资本、技术之后的第五大生产要素。在全球视野下,数据资源化的发展趋势和价值凸显已是势不可挡;在商务视角下,数据已是企业构建和增强核心竞争力的必然选择,已成为组织驱动和提升决策力与执行力的必由之路。面对企业和组织积累的海量数据,如何实现"会让数据说话、让数据会说话",进而帮助企业更好地理解业务环境、作出明智的战略和决策、培育和增强竞争优势、实现业务增长和业绩提升,正是商务数据分析面临的目标与任务,也使商务数据分析已然成为一种必备技能。正如全球权威的顾问咨询公司 Gartner 研究院高级副总裁 Peter Sondergaard 所说,"数据是 21 世纪的石油,而分析则是内燃机"。

本书以培养和提高学生的应用能力为目的,注重理实结合,并紧跟技术发展趋势,力图在一定程度上缓解教育链、人才链与产业链、创新链的脱节状况。本书主要帮助学生全面理解和掌握数据分析的基本概念、方法和技能以及在相关领域的应用,以便在商业领域中更好地应用数据驱动的决策,在为企业创造实际价值的同时也能够实现学生的自我价值,将有助于学生的职业生涯规划,并为他们未来的职业道路奠定坚实的基础。

本书共分 7 个项目,内容涵盖了商务数据分析概述、商务数据处理、商务数据分析方法、数据可视化、商务数据分析工具、商务数据分析应用和分析报告撰写。同时,关注实际应用、业务问题和未来发展趋势与挑战,从业务模块到应用模块将理论和实际操作相结合,从而提升学生的业务认知和实践能力。此外,本书还在商务数据分析报告的撰写注意事项中,强调了数据伦理和隐私保护的重要性,引导学生合法合规地处理和使用数据,维护数据的安全性。

本书内容丰富、特点鲜明。一是各项目提供了学习目标、小结和思考练习,并融入了大量的图表与丰富的案例,让学生更加容易了解商务数据分析在市场、产品、运营、客户等场景的应用,展现出教学实践的应用性。二是注重了统计学、计算机科学和经济学等多个学科领域之间的融合,帮助学生建立跨学科的综合视角,更好地认知、理解和应用商务数据分析。三是采用活页式教材形式,有利于教材内容及教学方式的及时更新与优化。四是配置了动画、微课和操作视频等教学资源,供学生进行拓展学习和个性化、场景化学习,也有助于教师因材施教。五是呈现了工具和技术的演进路径,引入了机器学习、人工智能、大数据处理等最新、最前沿的数据分析工具和技术,让学生能够了解并应用多种智能化工具进行商务数据分析与应用。

本书由王冬梅、陈星如任主编,刘群麾、曲晓玉任副主编,方小婷、王秀君任参编。其中,陈星如、曲晓玉编写项目一和项目三,王冬梅、刘群麾编写项目二和项目四,陈星如编写项目五,刘群麾编写项目六,王冬梅、曲晓玉编写项目七,方小婷和王秀君负责本书案例和资源建设。全书由王冬梅统稿。

本书编写过程中,参考了大量的官方技术文档、数据信息和互联网资源,在此向重庆翰海睿智大数据科技股份有限公司的工程师表示由衷的感谢!

由于编者水平有限,疏漏之处在所难免,敬请广大读者批评指正,以利改进和提高。

编者
2024年1月

CONTENTS 目 录

◇**学习目标**

知识目标：
· 了解数据、数据分析、商务数据分析、统计学等相关知识的具体概念及其重要性。
· 了解数据思维的基本概念和主要作用，合理运用数据思维的实践。
· 了解数据思维在商务数据分析中的重要作用，争取形成良好的数据思维，掌握数据分析的基本流程，并了解最新发展趋势。

技能目标：
· 了解并掌握数据分析的基本流程和操作技巧。
· 了解并掌握统计学的基本概念、基本术语和基础应用。

素养目标：
· 了解我国大数据的发展历程、发展战略与行动路线。
· 重视数据伦理和隐私保护，了解数据安全相关的法律法规。
· 在商务数据分析工作中自觉实践和弘扬社会主义核心价值观。

任务一　数据分析与商务数据分析的概念

随着互联网、云计算、大数据、人工智能(AI)、区块链等新一代信息技术的不断涌现,并快速渗透到经济社会的各个领域,数据规模急剧扩大、数据形态更加复杂、数据应用更加广泛、数据价值更加凸显,数据成为新时代重要的生产要素,是国家基础性战略资源。其中,商务数据已成为推动企业决策和业务发展的核心要素。数据不仅仅是数字和统计的堆砌,更是企业深入了解市场、把握客户需求、优化运营管理的关键。

1.数据概述

1)数据的定义

根据2017年国际数据管理协会(Data Management International,DAMA)对数据的定义,数据是以文本、数字、图形、图像、声音和视频等格式对事实进行表现的形式,是信息的原始材料。按照《中华人民共和国数据安全法》中给出的定义,数据是指任何以电子或者其他方式对信息的记录。由此可见,数据本身可以有丰富的表现形式。关于数据的内涵理解和概念界定,不同的机构、学者和专业技术人员等在不同时期,从不同视角进行了探究。

2)数据的特点

(1)变异性

数据的变异性包括两方面的含义。一方面,是指一组数据的多数取值是不相同的。因为数据是用来描述事物的量化特征的,世界上不同的事物大都具有不同的特征,因此其数量表现也是不同的。另一方面,是指在不同的时间、不同地点测量同一事物的数量特征也可能得出不同的结果,特别是在对人的精神属性的测量方面。例如,不同的时间测试同样的课程,学生的得分可能不一样。

(2)虚拟性

数据是一种存在于数字空间中的虚拟资源。土地、劳动力等传统生产要素都是看得见、摸得着的物理存在,与数据形成鲜明对比。

(3)低成本复制性

数据作为数字空间中的存在,表现为数据库中的一条条记录,而数据库技术和互联网技术又能使数据在数字空间中发生实实在在的转移,以相对较低的成本无限复制。

(4)主体多元性

数字空间中的每条数据可能记录了不同用户的信息,数据集的采集和汇聚规则又是由数据收集者设定的,用户、收集者等主体间存在复杂的关系。每个企业、每个项目都可能对所用的数据资源进行一定程度的加工,每一次增删改的操作都是对数据集的改变,因而这些加工者也是数据构建的参与主体。

（5）非竞争性

得益于数据能够被低成本复制，同一组数据可以同时被多个主体使用，一个额外的使用者不会减少其他现存数据使用者的使用量，也不会产生数据量和质的损耗。例如，在各类数据分析、机器学习竞赛中，同一份数据可以被大量参赛者使用。非竞争性为数据带来了更普遍的使用效益与更大的潜在经济价值。

（6）非排他性

数据具有潜在的非排他性。数据持有者为保护自己的数字劳动成果，会付出较高代价，使用专门的人为或技术手段控制自己的数据，因而在实践中，数据具有部分的排他性。然而，一旦数据持有者主动放弃控制或控制数据的手段被攻破，数据就将完全具有非排他性。

（7）异质性

相同数据对不同使用者和不同应用场景的价值不同，一个领域高价值的数据对另一领域的企业来说可能一文不值。与数据形成鲜明对比的是资本，资本是均质的，每份资金都有相同的购买力，对所有主体同质。

3）数据的分类

（1）按性质分类

数据按性质分类可分为定位数据、定性数据、定量数据和定时数据。各种坐标数据就属于定位数据。表示事物属性的数据就属于定性数据，如土地、河流、道路等。定量数据是指反映事物数量特征的数据，如长度、面积、体积等几何量，重量、速度等物理量。定时数据是指反映事物时间特性的数据，如年、月、日、时、分、秒等。

（2）按表现形式分类

数据按表现形式可分为数字数据和模拟数据。如各种统计或量测数据就属于数字数据，数字数据在某个区间内是离散的值。模拟数据由连续函数组成，是指在某个区间连续变化的物理量，又可以分为图形数据（如点、线、面）、符号数据、文字数据和图像数据等，如声音的大小和温度的变化等。

（3）按记录方式

数据按记录方式可分为书籍、地图、表格、影像、磁带、纸带、电子设备等形式的数据。

（4）按数字化方式

数据按数字化方式可分为矢量数据、格网数据等。

（5）按数据的计量层次

数据按计量层次可分为定类数据、定序数据、定距数据与定比数据。

①定类数据是数据的最低级，它将数据按照类别属性进行分类，各类别之间是平等并列关系，如人类按性别分为男性和女性。这种数据不带数量信息，并且不能在各类别间进行排序。

②定序数据是数据的中间级别，它不仅可以将数据分成不同的类别，而且各类别之间还可以通过排序来进行比较。

③定距数据是具有一定单位的实际测量值(如温度、考试成绩等)。

④定比数据是数据的最高等级,它的数据表现形式同定距数据一样,均为实际的测量值。

(6)按时间状况分类

数据按时间状况分类可分为时间序列数据和截面型数据。时间序列数据是指在不同的时间上搜集到的数据,反映现象随时间变化的情况。截面型数据是指在相同的或近似的时间点上搜集到的数据,描述现象在某一时刻的变化情况。

(7)按来源分类

按数据的来源分类,主要分为两种:一种是通过直接调查获得的原始数据,一般称为第一手或直接的统计数据;另一种是别人调查的数据,并将这些数据进行加工和汇总后公布的数据,通常称为第二手或间接的统计数据。

4)数据相关政策

面对世界百年未有之大变局和新一轮科技革命和产业变革深入发展的机遇期,我国政府高度重视数据行业发展,近年来出台了一系列部署和推进数据行业和大数据产业发展的政策,推动实施国家大数据战略,从国家顶层制度设计的高度和层面来推动数据行业和大数据产业与数字经济的高质量发展。

"十四五"时期是我国工业经济向数字经济迈进的关键期,对大数据产业发展提出了新的要求。《中华人民共和国国民经济和社会发展第十四个五年规划和2035年远景目标纲要》围绕"打造数字经济新优势",作出了培育壮大大数据等新兴数字产业的明确部署。

国家出台的《"十四五"大数据产业发展规划》,作为未来五年大数据产业发展工作的行动纲领,打造数字经济发展新优势,为建设制造强国、质量强国、网络强国、数字中国提供有力支撑。

在国家陆续出台的《"十四五"数字经济发展规划》,以及2022年、2023年的《政府工作报告》等战略和政策中,都对大数据产业发展和数字经济发展提出了相关目标任务和具体措施,抓住数字经济发展的历史机遇,开启大数据产业创新发展新赛道,聚力数据要素多重价值挖掘,抢占大数据产业发展制高点。

2.数据分析的概念

数据本身是没有价值的,只有把数据变成信息,才能体现出它的价值。把数据变成信息的过程就是数据分析,数据分析的目的就是为经营和管理的决策提供依据。

数据分析是一种系统性的过程,它旨在通过收集、清理、解释和应用数据,以从信息中提取有价值的见解。数据分析的目标是揭示趋势、模式和关联,以支持更明智的决策和行动。数据分析可以涉及统计分析、机器学习、数据挖掘和可视化等技术,从而更好地理解数据的含义和价值。

数据分析的核心步骤包括数据收集、数据清理、数据探索、建模和解释。这些步骤允许分析师识别问题、生成假设、测试假设,并最终得出基于证据的结论。数据分析在众多领域中均发挥着关键作用,包括但不限于医疗保健、市场营销、金融、教育及政府等广泛领域。

1)数据分析的价值认同

很多人在做数据分析时,将数据分析的终点归结为数据报告,以为写完一份数据分析报告就等于完成了一次数据分析。其实通过数据分析客户的分布、画像描述,进而对用户进行精准化营销才是数据分析的真正目的。越来越多的企业在招聘产品经理或运营人员时都会在岗位描述上写上"分析数据""监控数据""运营数据"等字眼,由此可见对应用数据进行分析已是大势所趋。

2)数据分析的价值模式

做好数据分析的前提,要非常了解企业的商业模式,明确数据分析的最终目的是服务于企业的增长目标。所以务必要对行业背景、业务含义、产品、用户有着深刻的认知。在产品设计之初就要优先考虑数据分析的价值模式,首先是用户增长、使用活跃,然后产生大量的数据;最后根据数据进行商务变现(企业广告、企业招聘、高级账号等业务),进一步促进用户增长、使用活跃,从而实现良性循环。只有认可数据分析的价值,明确工作定位,深谙商业模式,数据分析才能真正走上正轨。数据分析的商业模式如图1-1所示。

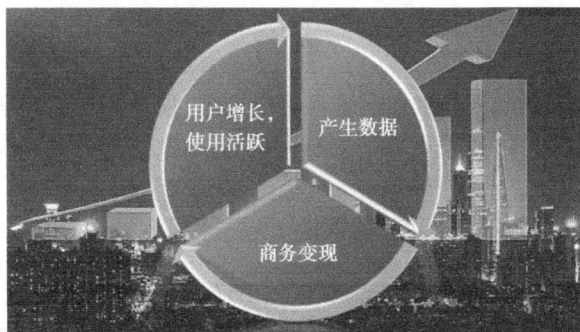

图1-1 数据分析的价值模式示意图

3.商务数据分析的概念

商务数据分析是数据分析的一个特定领域,侧重于在商业环境中应用数据分析技术来解决业务问题和支持决策。其目标是帮助组织更好地理解其运营、市场和客户数据,以实现更高效的运营、更明智的投资和更有针对性的战略决策。商务数据分析的应用非常广泛,包括销售和营销分析、财务分析、供应链管理、客户关系管理等。它可以帮助企业识别潜在的商机,改进流程、降低成本、提高客户满意度、预测趋势以及制订战略规划。

1)市场分析

狭义的市场分析就是市场调查研究。而广义的市场分析就是对从生产者到消费者或用户这一过程中全部商业活动的资料、情报和数据,做系统的收集、记录整理和分析,以了解商品的现实市场和潜在市场。因此,广义的市场分析不仅是单纯地研究购买者或用户的心理和行为,还对各种类型的市场营销活动的所有阶段加以研究。

2)行业竞争分析

行业竞争分析主要是了解行业数据、研究对手产品,及时更新竞业数据。由于不同领域的行业数据模式不同,更新的方式也不一样,但也有共性和个性之分。比如进入搜索行业后,需要不断地更新行业数据,可以通过互联网搜集不同搜索引擎公司的搜索流量数据,以及流量分布,然后将自身的数据与竞争对手的数据进行对比,获取自身的优劣势,以便做好企业的调整和改进工作。

3)产品形态分析

(1)数据的定性
定性分析主要凭借分析者的直觉、经验,凭借分析对象过去和现在的延续状况及最新的信息资料,对分析对象的性质、特点、发展变化规律做出判断的一种方法。

(2)数据的定量
定量分析是依据统计数据,建立数学模型,并用数学模型计算出分析对象的各项指标及其数值的一种方法。定量分析比定性分析更加科学、准确,可以促使定性分析得出广泛而深入的结论。

(3)流量统计
对网站流量进行统计可以准确分析访客用户来源,便于网站管理者根据访客的需求增加或者修改网站的相关内容,便于更好地提升网站转换率,提高网站流量。

4.商务数据分析的重要性

某品牌在纽约的旗舰店,每件衣物上都有RFID码。每当有顾客拿起衣物进入试衣间,RFID码就会被自动识别,试衣间里的屏幕会自动播放模特穿着该衣物走T台的视频,顾客看见模特,通常会下意识地美化自己。同时,数据会传至该品牌总部。哪件衣服在哪个城市哪家旗舰店什么时间被拿进试衣间停留多长时间,都会被记录下来,记录下来的数据都会被存储起来加以分析。通常的做法是某件衣物销量很低便直接停产。但如果RFID码传回的数据显示这件衣物虽然销量很低,但进入试衣间的次数较多,那就能说明一些问题,也许这件衣物的结局就会截然不同。这就是商务数据分析的重要性。

对于数字化转型刚刚开始的企业,原始数据集是维持业务系统运转、提高业务运行效率的基础资源。对于数字化较为成熟的企业,其经过清洗、预处理后的数据集具有更高质量,能够提供更准确、更全面、更有预测力的信息用于分析决策,可以为企业带来更大的效益。企业还可将自身持有的数据加工成多样的数据衍生品,在符合法律制度的前提下向外流通,使其他企业利用数据蕴含的价值参与生产活动。

1）市场对数据的需求旺盛

从数据提供方看，各级政府、电信运营商、大型国有企业、大型互联网公司聚集了海量经济社会、行业和用户数据，通过数据接口、数据产品、数据服务等形式可满足大量企业的数据需求。数据需求方则主要集中在金融机构、零售企业等机构，希望通过获取外部数据来优化业务。各头部企业逐渐在多个行业产生了较为典型的数据流通实践，开展了跨领域数据深度融合应用，为各类业务提供了新资源、新方案，有效实现了数据的供需对接。

2021年11月25日，上海数据交易所挂牌成立，由国网上海电力公司自主研发的"企业电智绘"成为首单成交的数据产品。中国工商银行上海分行作为购买方，可通过"企业电智绘"产品提供的企业用电数据脱敏、深度分析结果，掌握企业用电行为、用电缴费、用电水平、用电趋势等特征内容，为银行在信贷反欺诈、辅助授信、贷后预警等方面提供决策参考。

在互联网行业中，许多头部企业已对外提供了众多数据接口或数据产品，以满足中小互联网企业或其他行业研发应用、精准营销、提供智能服务等需求。例如，京东的万象平台、阿里云的API市场汇集了电子商务、金融科技、企业管理、公共服务等多领域数据接口，其自有数据和人工智能服务具有较大吸引力。

此外，政务、气象、交通、医疗等行业和场景的数据需求也逐步显现，相应公共数据的开放和企业数据的供给获得了更广泛的关注。未来随着提供方数据治理能力提升和需求方数据需求深度挖掘，以业务场景为牵引的数据要素市场将更加活跃。

2）商务数据的重要性日益凸显

商务数据在现代企业中的重要性不可忽视。首先，数据是决策的基石，即通过对商务数据的分析，企业可以制订更加科学、精准的决策，减少决策的风险。然后，数据是竞争的利器，即能够充分挖掘和利用商务数据的企业，将更好地适应市场变化，更具竞争力。最后，数据是创新的源泉，即通过对商务数据的挖掘，企业可以发现新的商机、改进产品和服务，推动创新的发展。

任务二 数据思维

1.数据思维的基本概念

在当今信息爆炸的时代,数据不仅是企业的重要资产,更是决策者制定战略、创新、提高效率的关键。因此,拥有数据思维成为一种迫切的需求。数据思维不仅是技能,更是一种思考和解决问题的方式,它能够帮助人们从海量的信息中提取有价值的见解,指导决策,推动创新。

1)数据思维的本质

数据思维是一种基于数据的分析和解决问题的思考方式。它强调通过数据来理解世界、发现规律、做出预测,并最终指导行动。与传统的经验主义思维相比,数据思维更加客观、系统,能够从大量数据中挖掘出深层次的信息,为决策提供科学依据。

2)数据思维的基本原则

(1)数据优先原则

数据思维强调在进行任何决策或解决问题的过程中,首先考虑的是相关数据。通过对数据的分析,可以更全面地了解问题的本质,而不是仅凭借个人经验或直觉做出决策。

(2)科学方法原则

数据思维倡导运用科学的方法来进行分析。其中包括问题的定义、假设的提出、数据的收集、实证分析以及结果的验证。通过科学方法,人们能够建立更为可靠和可信的分析体系。

(3)实证主义原则

数据思维更注重实证,即通过实际的数据证据来支持观点或决策。实证主义原则强调通过观察、实验和测量来获取信息,而不是依赖纯粹的理论或主观看法。

(4)模型思维原则

在数据思维中,使用模型是一种常见的方法。通过建立模型,人们可以对数据进行抽象和简化,从而更好地理解问题的本质。模型思维有助于人们捕捉问题中的关键变量和相互关系。

3)数据思维与常规思维的对比

(1)基于证据而非猜测

数据思维强调通过实际数据来支持观点和决策,而不是凭借猜测或主观看法。这使决策更为客观和可靠。

（2）全面而非片面

数据思维倡导从多个角度和维度来看待问题,通过全面的数据分析获得更为全面的认知,避免陷入片面的思考和决策。

（3）动态而非静态

数据思维更加注重数据的动态变化和趋势分析。与静态的、瞬时的思考方式不同,数据思维能够更好地把握事物的变化过程,为长期决策提供支持。

4）数据思维的核心概念

在培养数据思维能力时,理解和掌握一些核心概念是至关重要的。

（1）可视化

可视化是将数据以图表、图形的形式呈现,以便更直观地理解数据的一种手段。通过可视化,人们能够快速洞察数据的分布、趋势和规律,有助于发现问题和做出决策。

（2）概率与统计

概率与统计是数据思维的基础。概率理论帮助人们量化不确定性,统计方法则用于从样本中推断总体的特征。理解这两个概念有助于人们更准确地进行推断和预测,提高对数据的理解水平。

（3）假设检验

假设检验是统计学中一种用于检验关于总体特征的假设的方法。在数据思维中,往往需要通过假设检验来验证人们对数据的推断是否具有统计学上的显著性,从而增强人们对结论的信心。

（4）回归分析

回归分析用于研究因变量与一个或多个自变量之间的关系。在数据思维中,回归分析常用于预测和建模。通过建立回归模型,人们能够理解变量之间的相互关系,为未来的决策提供依据。

（5）机器学习

机器学习是一种通过训练模型来实现任务的方法。在数据思维中,机器学习可以应用于分类、聚类、预测等多个方面。通过了解机器学习的基本原理和常见算法,人们可以更好地利用数据进行模型建立和预测,进一步深化对数据的理解。

（6）数据挖掘

数据挖掘是从大量数据中提取潜在模式和信息的过程。在数据思维中,数据挖掘技术可以帮助我们发现数据中隐藏的规律,识别趋势,为决策提供更多的线索。

（7）时间序列分析

时间序列分析是一种用于处理时间序列数据(按时间顺序排列的数据)的方法。在数据思维中,时间序列分析常用于预测未来趋势、识别周期性变化等。

（8）数据伦理

数据伦理是关于数据合法、公正、透明使用的原则和规范。在数据思维中,人们需要关注数据的隐私保护、公平性、透明度等伦理问题。确保数据的合法使用和对个体隐私的尊重是数据思维的基本原则。

2.数据思维的主要作用

1)数据思维在经济社会发展中的主要作用

（1）数据驱动决策

数据思维的核心目标之一是实现数据驱动的决策。这意味着在做出决策之前，人们会仔细分析相关数据，以确保决策是基于事实和证据的。数据驱动的决策有助于提高决策的准确性和可信度，从而降低风险。

（2）创新与发现

数据思维有助于发现问题的根本原因，从而进行创新和改进。通过对大量数据的分析，人们可以发现隐藏在数据中的规律和趋势，为创新提供新的思路，更好地预测未来并抓住机遇，促进创新、提高效率、推动科学进步。

（3）敏捷决策

数据思维有助于实现敏捷决策。随着数据的快速生成和积累，人们可以更迅速地做出决策，并在决策的过程中不断地获取反馈，及时调整策略。这种敏捷性使组织更能适应变化，抓住机遇。

（4）优化资源分配

数据思维可以帮助人们更精准地分配资源，无论是社会资源还是生产要素，数据分析可以使它们得到更好的利用。

（5）风险管理

通过数据思维，人们能够更好地识别和管理风险。数据分析可以帮助人们预测潜在的风险因素，通过建立模型来评估不同决策对风险的影响，从而做出更明智的决策，降低潜在风险。

2)数据思维在商务领域的主要作用

（1）提高企业决策的准确度和正确率

数据思维可以大大提高企业决策的准确度和正确率。在做出决策之前，企业需要进行调查分析，并根据分析结果再进行决策，可以提高决策的正确率。

（2）提升效率

数据思维可以帮助企业优化流程，大大提高企业的办事效率。例如，企业可以通过ERP系统将管理数据化，从而提高管理的效率。

（3）开发出更加适合客户需求的产品

有了数据思维，企业可以更好地分析潜在顾客的消费习惯、顾客的潜在需求，从而开发更加适合客户需求的产品。

（4）开发新客户

在数据思维之下，企业会知道自己的产品最受哪一类人群喜欢，或更受哪个地域人喜欢，从而有针对性地去做广告促销活动，开发新客户就会相对容易很多。

（5）降低留住老客户的成本

有了数据思维,企业会记录顾客的消费情况,从而分析出顾客的消费习惯,这样就可以更好地满足老顾客,提高老顾客的满意度,并能降低留住老顾客的成本。

3）数据思维对个人的主要作用

对于普通人来说,具备数据思维能够更准确地获取和筛选信息、提高沟通效率、准确发现问题的所在和解决问题。

3.数据思维的实践

1）数据思维强调对数据的重视和意识

它要求个人和组织认识到数据的重要性,并主动收集和利用数据来支持决策和问题解决。

2）数据思维注重有效的数据收集和整理过程

确定需要的数据类型、收集适当的数据来源,并进行数据清洗和转换,以确保数据的准确性和一致性。数据收集和整理是数据思维的基础,可以为后续的数据分析和解释奠定基础。

3）数据思维要求对数据进行分析和解释

只有对数据进行合理分析、解释与表达,才能获得有价值的见解和洞察力。这包括应用统计分析、数据挖掘、机器学习等技术和方法,揭示数据中的模式、趋势和关联。数据分析和解释需要将数据转化为易于理解和解释的形式,以支持决策和行动。

4）数据思维支持基于数据的决策

数据思维鼓励决策者使用数据分析的结果和见解来指导决策过程,减少主观偏见和不确定性。数据驱动的决策基于对数据的理解和解释,以及对数据背后的业务含义的把握。

5）数据思维强调实时监测和持续改进的重要性

数据思维要求个人和组织不断收集和分析数据,以评估业务绩效、监测市场变化,并根据数据的反馈进行持续的改进和优化。实时监测和持续改进是数据思维的核心要素,能帮助个人和组织保持敏捷和竞争优势。

任务三　数据分析流程

1.数据分析的基本步骤

在进行数据分析时,系统性和有序性是确保得出准确结论的关键。数据分析的基本步骤是一个迭代的过程,如图1-2所示。

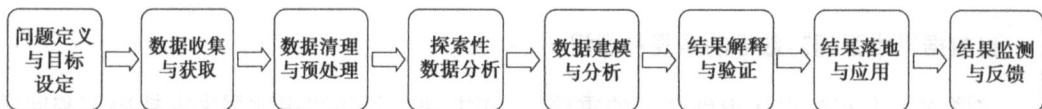

| 问题定义与目标设定 | → | 数据收集与获取 | → | 数据清理与预处理 | → | 探索性数据分析 | → | 数据建模与分析 | → | 结果解释与验证 | → | 结果落地与应用 | → | 结果监测与反馈 |

图1-2　数据分析基本步骤

1)问题定义与目标设定

数据分析的起点是对业务问题的准确定义,关键是确保数据分析的方向与业务目标一致。

2)数据收集与获取

问题定义明确后,就需要收集相关数据。数据可以来自多个数据源,包括企业内部数据库、外部数据供应商、社交媒体、调查问卷等多个来源。在收集数据之前,需要确保数据的可靠性、准确性和完整性。

3)数据清理与预处理

收集到的原始数据往往包含噪声、缺失值和异常值。在进入正式分析之前,需要对数据进行清理和预处理,包括去除重复值、填补缺失值、处理异常值等操作。数据清理的目标是确保数据的质量,确保不同数据源的一致性。

4)探索性数据分析

在正式建模之前,进行探索性数据分析(EDA)是非常重要的一步。EDA旨在通过可视化和统计手段来深入了解数据的分布、相关性和趋势。通过绘制直方图、散点图等图表,以揭示数据的特征,帮助识别潜在的模式和异常。EDA也可为后续建模提供指导,确保选择合适的分析方法。

5)数据建模与分析

在掌握了数据的基本特征后,可以选择适当的分析方法进行建模。这可能涉及统计分析、机器学习算法、时间序列分析等不同技术。在这一步骤中,需要根据业务问题的性质选择合适的模型,训练模型并进行验证。

6)结果解释与验证

得到模型的输出后,需要对结果进行解释并验证其有效性。这包括解释模型中各个变量的影响、检查模型的显著性和鲁棒性等。

7)结果落地与应用

最终的目标是将分析结果转化为实际业务中的行动。在这一步骤中,需要将分析结果与业务问题相结合,提出实际可行的建议和决策。这可能包括优化产品设计、改进市场策略、调整供应链等方面。同时,需要与业务决策者紧密合作,确保分析结果得到有效的应用,实现实际价值。

8)结果监测与反馈

数据分析不是一次性的任务,而是一个迭代的过程。在实施了建议和决策后,需要对结果进行监测和反馈。

综上所述,数据分析的基本步骤是一个全面、有机的体系,从问题定义到结果监测,贯穿数据分析的整个生命周期。通过清晰的目标设定、数据的有效收集、探索性数据分析、模型建立与验证等一系列步骤,数据分析团队可以在复杂多变的业务环境中找到准确、实用的解决方案。

2.操作技巧与注意事项

成功的数据分析不仅取决于掌握基本步骤,还涉及一系列操作技巧和注意事项,以确保分析是准确、可靠和有效的。

1)善用数据分析工具和方法

(1)数据分析软件

掌握实用的、前沿的数据分析工具,如Python的Pandas和NumPy,R语言,或数据可视化工具Tableau等。

(2)数据库查询工具

了解如何使用SQL等数据库查询语言,以有效地提取数据。

(3)机器学习工具

学习如何使用机器学习工具,如Scikit-Learn或TensorFlow,进行预测建模和分类。

(4)数据可视化工具

熟悉数据可视化工具,如Matplotlib、Seaborn、D3.js等,以创造具有冲击力的可视化功能。

2)掌握数据分析技巧

(1)数据采样

了解如何采用适当的抽样方法,以代表性地处理大规模数据集。

（2）高级统计方法

学习一些高级统计方法,如回归分析、聚类、因子分析,以深入了解数据。

（3）假设检验

了解如何进行假设检验以验证观察或假设。

（4）数据缺失处理

学习如何处理缺失数据,选择适当的方法,以避免数据失真。

3）掌握数据可视化技巧

（1）使用适当的图表类型

选择最适合的数据和目标的图表类型,如折线图、柱形图、散点图、电子表格等。

（2）标签和标题

确保图表有清晰的标签和标题,以便理解。

（3）颜色使用

谨慎使用颜色,以避免混淆,确保颜色有明确的含义。

（4）数据密度

不要过度拥挤图表,以便数据清晰可读。

（5）时间序列图表

对于时间序列数据,了解如何创建时间序列图表,以观察趋势和季节性变化。

4）注意事项

（1）数据隐私和伦理

始终尊重数据隐私和伦理原则,确保数据采集和分析合法合规。

（2）数据质量

检查数据有无错误和异常值,确保数据质量,并记录数据处理过程。

（3）统一标准

遵循行业标准和最佳实践,以确保数据分析得出的结论是可靠的。

（4）文档记录

维护详细的文档,以记录分析的步骤和决策,以便他人审查和重现分析。建议将每个阶段的文档记录(包括问题定义、数据收集计划、清理和预处理过程、模型选择和参数设置等)都作为工作底稿之一,予以留存备查。

任务四　统计学概述

1.统计学概念

1)统计学基本概念

统计学是一门研究数据的科学,它通过收集、整理、分析、解释和表达数据,获得可靠的结论,来推断所测对象的本质,以便更好地了解和预测现象的本质和未来趋势。

2)统计与统计学的关系

统计是指收集、处理、分析及解释数据的一系列过程和技巧。

因此,统计是统计学的基础和手段,而统计学则是统计的进阶学科和应用领域。简单来说,统计是具体的操作过程和方法,而统计学则是构建在这些操作基础上的理论、方法和应用领域。

3)数据与统计学的关系

数据与统计学两者之间存在着密切的关系。统计学的研究对象是数据,其目的是通过数据来推断和预测现象的本质和未来趋势。因此,数据和统计学的关系可以概括为:数据是统计学的基础和对象,统计学则是处理和分析数据的科学。

4)大数据与统计学的关系

统计学是大数据的三大基础学科之一,统计学与大数据之间的关系非常密切。虽然在大数据时代背景下,统计学的知识体系产生了一定程度的调整,但大数据和统计学还是存在着较大区别。一是统计学注重的是方式方法,而大数据则更关注整个数据价值化的过程。二是大数据不仅需要统计学知识,还需要具备数学知识和计算机知识。因此,从另一个角度来说,统计学为大数据进行数据价值化奠定了一定的基础。

2.统计学基本术语

统计学是研究数据收集、组织、分析以及解释的科学。它不仅是一种工具,还是一种理论和方法体系。统计学中的基本术语,是统计学中最为基础和普遍的概念,它们用于描述总体和样本特征、抽样过程以及变量的性质。专业术语则是在基本术语的基础上进一步发展而来的,是统计学领域中更为具体、专业的词汇,它们在特定的研究领域和应用场景中有着更为精确和专业的含义。

1)基本术语

(1)总体与总体单位

总体是指客观存在的、具有某种共同性质的许多个别事物组成的整体,即研究对象的全体,也称统计总体。总体单位是指构成总体的个别事物,简称为个体。

(2)样本

样本是指从统计总体中抽取的一部分个体的集合,是总体的一部分,用于推断总体的特征。样本通常是从总体中随机抽取的,以获得具有代表性的数据。样本可以是有限的,也可以是无限的。样本的代表性取决于抽样的方法和样本量的大小。

(3)参数与样本统计量

参数是指描述总体特征的数字指标,如总体均值、方差等。它是研究者想要了解的总体的某种特征值,通常需要通过样本统计量进行估计和推断。样本统计量是指由样本数据计算出来的用于描述样本特征的数字度量或统计指标,如样本均值、样本比例等。样本统计量是随样本的抽取而变化的,而参数是总体特征的固定值,不会随样本的抽取而变化。

(4)统计抽样

统计抽样是指从总体中选取一部分个体进行研究的方法。总体是研究的全部对象,而样本是从总体中抽取的一部分。抽样的目的是通过样本的特征推断总体的特征。

(5)概率

概率是度量某一随机事件发生可能性大小的一个数值。

(6)变量

变量是指研究对象或现象的某种特征或属性,可以是数量的测量值或某种属性。按照不同的分类方式,变量可以分为不同的类型。例如,按照变量的取值情况,可以分为类别变量和数值变量两大类;按照变量的性质,可以分为定性变量和定量变量。在统计学中,变量的观察结果称为变量值或观测值。变量的类型和性质会影响到数据的收集、整理、分析和解释等统计工作的各个环节。

(7)连续变量与离散变量

连续变量是指变量值可以连续取值,在一定区间内可以取任何实数值的变量,如人的身高、体重、体温等。由于连续变量的取值是无限的,因此其分布呈连续型,可以用密度函数来描述。离散变量则是指只能取整数值的变量,其取值是离散的,如职工人数、机器台数等。由于离散变量的取值是有限的,通常用计数方法取得,因此其分布是离散的,可以用频数分布表和直方图来描述。

(8)频数与频率

频数是指某个事件或现象出现的次数,包括数据中某一数值出现的次数。频数是用来描述数据分布情况的重要指标之一,通过频数可以了解数据中各个类别或状态的分布情况,以及各组数据的频数之和等于总数。频率是指某个事件或现象发生的次数与总次数之比,用百分数表示。频率是用来描述事件发生的频繁程度的重要指标之一,频率可以用来表示数据分布的集中程度和离散程度,频率越大表示事件发生的可能性越大。

（9）统计描述

用统计指标、统计图、统计表等方法，对资料的数量特征及分布规律进行客观的描述和表达。

（10）统计推断

在一定的置信度和概率保证下，用样本信息推断总体特征。

（11）相关分析与回归分析

相关分析与回归分析是统计学中用来研究两个或多个变量之间关系的方法。通过相关分析，可以探索变量之间的关系形式、关系强度和关系方向，它可以通过多种方式进行，包括计算相关系数、散点图、回归分析等。回归分析是相关分析的常用方法之一，它通过建立数学模型来研究自变量与因变量之间关系的方法，以预测、解释及控制变量间的相互作用。

2）常见专业术语

（1）描述数据集的常用指标

描述数据集的常用指标包括均值、几何均值、极差、中位数、众数、四分位数、方差或标准差、标准分布和变异系数等统计指标。其中，均值、几何均值、中位数和众数等指标反映的是数据的集中趋势；极差四分位数、方差或标准差、变异系数等指标反映的是数据的离散程度。这些统计指标，通常适合于描述性统计分析和综合评估分析，部分指标适合于相关分析和回归分析。

①均值：均值是指将所有数据之和除以数据个数得到的数据，也称平均数或算术平均数；均值可以反映数据的中心趋势。

②几何均值：何均值是指 n 个观测数据连乘积的 n 次方根，也称几何平均数，常用于描述存在少数偏大的极端值的正偏态分布或观测值之间呈倍数关系或近似倍数关系数据的集中位置。

③极差：极差也称全距，是指一组数据中最大值与最小值的差值，是一个比较粗略的指标。极差越大，则说明数据的变异程度越大，即数据越离散。

④中位数：中位数是指将所有的数据从小到大排列后，处于正中间位置的数据。可见，在一组数据中，有一半的数据比它大，另一半比它小。

⑤众数：众数是指数据集中出现次数最多的数据，即频数最大的数值。众数可能不止一个，众数不仅能用于数值型数据，还可用于非数值型数据，不受极值影响。众数反映了数据的集中趋势，当众数出现的次数越多，它就越能代表这组数据的整体状况；但当各数据重复出现的次数大致相等时，众数往往就没有什么特别意义了。还需要注意的是，众数是一组数据中的原数据，而不是相应的次数。

⑥四分位数：四分位数是指数据集由小到大排列并分成四等份，处于 3 个分割点位置的数值。它是一组数据排序后，处于 25%（下四分位数）、中间位置（中位数）和 75%（上四分位数）位置上的数据。

⑦方差与标准差：方差是指数据集中的各数据与平均数之差的平方的平均数；方差越大则说明数据之间的差异越大；方差越小则说明数据越集中。标准差是方差的算术平方根，即

数据集中某个数值到平均值的平均距离。方差和标准差是用于衡量一组数据的波动大小、离散程度的两个常用量度。

⑧标准分布:标准分布是统计学中的一种数据分布形式,反映数据集中的每个数据距离平均值多少个标准差;又称为标准差的标准化值或正态分布。其曲线形态呈现中间高、两边低,且左右对称的分布特征。

⑨变异系数:变异系数是指用数据集的标准差除以数据集的平均值得到的数值。它通常用来比较不同数据集的波动大小。

(2)动态数列分析中的常用指标

动态数列分析中的常用指标主要包括绝对增长量、发展速度与增长速度、平均发展速度与平均增长速度、同比增长与同比多增长、环比增长等统计指标;此外,还有一些其他指标如趋势分析、季节变动分析等,也可以根据具体需求选择使用。

①绝对增长量:是反映事物在一定时期所增加的绝对数量,可依据不同需求,计算累计增长量和逐年增长量。

②发展速度与增长速度:定基发展速度统一用某个时间的指标做基数,以各时间的指标与之相比。环比发展速度是以前一个时间的指标做基数,以相邻的后一时间的指标与之相比。

③平均发展速度与平均增长速度:用于概括某一时期的速度变化,即该时期环比的几何均数。

④同比增长与同比多增长:同比增长是指同一时期两个不同时间段的数值进行比较,同比增长数包括同比增长量和同比增长率两种数据形态。同比多增长则是指某一时期相对于上一时期的增长量与上一时期相对于再上一时期的增长量的差额,同比多增长数通常是个绝对增长量,更多用于纵向分析。

⑤环比增长:指同一事物连续两个单位周期(比如连续两个月)内的量的变化比。环比增长通常用于短期的趋势分析和预测,比如分析一个月的销售数据,以便及时调整生产和销售策略。

(3)相关分析和回归分析中的常用指标

除前述的均数、标准差、四分位数和变异系数等指标,人们还常用相关系数、回归系数、自变量与因变量、显著性水平(p值)和置信区间等统计指标。

①相关系数:是衡量两个变量之间线性关系的强度和方向的统计量,其值介于-1和1。如果相关系数接近于1,则说明两个变量是正相关,即一个变量的值增加时,另一个变量的值也会相应增加;如果相关系数接近于-1,则说明两个变量是负相关,即一个变量的值增加时,另一个变量的值会相应减少;如果相关系数接近于0,则说明两个变量之间没有明显的线性关系。

②回归系数:在回归分析中表示自变量对因变量的影响程度。具体来说,它表示当自变量每变化一个单位时,因变量会预期变化多少个单位。回归系数可以是正值或负值,正值表示正相关,负值表示负相关。

③自变量和因变量:是描述变量之间关系的概念,自变量是原因变量,通常用于解释或预测其他变量的变化;因变量是结果变量(被预测的变量),即随着自变量的变化而变化的变量。在回归分析中,自变量和因变量的关系通常用回归方程来描述。自变量和因变量的关系可以是线性的,也可以是非线性的。

④显著性水平(p值):是用于检验回归模型显著性的指标;如果p值小于显著性水平(通常为0.01或0.05),则拒绝原假设,认为回归模型有效。

⑤置信区间:是表示因变量的预测值在一定置信水平下的区间范围。

3)统计调查中涉及的相关术语

(1)统计调查

按照预定的目的和任务,运用科学的统计调查方法,有计划有组织地向客观实际搜集统计资料的过程。

(2)调查对象与调查单位

调查对象是根据调查目的、任务确定的调查活动的范围,即所要调查的总体,它是由某些性质上相同的许多调查单位所组成的。调查单位是所要调查的对象总体中的个体,即调查对象中的一个一个的具体单位,它是调查中要调查登记的各个调查项目的承担者。

(3)报告单位

负责向统计调查机关提交调查资料的单位。

(4)普查

专门组织的一次性的全面调查,用来调查属于一定时点上或时期内的现象的总量。

(5)抽样调查

从研究的总体中按随机原则抽取部分单位作为样本进行观察研究,并根据这部分单位的调查结果来推断总体,以达到认识总体的一种统计调查方法。抽样调查又称为概率抽样或称为随机抽样。

(6)面谈访问法

由访问员与被调查者见面,通过直接访问来填写调查问卷的方法。

(7)统计整理

统计整理是统计工作的一个重要环节,它是根据统计研究的任务与要求,对调查所取得的各种原始资料,进行审核、分组、汇总,使之系统化、条理化,从而得到反映总体特征的综合资料的过程。

3.统计学基础应用

1)统计学基础应用工具

统计学基础应用工具包括描述性统计工具、图表工具、假设检验工具、方差分析工具、贝叶斯统计工具、时间序列分析工具等,这些工具可以根据具体数据及其分析需求选择使用。

(1)描述性统计工具

如平均数、中位数、众数、标准差、方差等,用于描述和总结数据的基本特征。

(2)图表工具

如直方图、折线图、柱形图、饼图、箱线图、散点图、雷达图、甘特图等统计图和Excel等统计表等,用于展示数据的分布和关系,帮助直观地探索数据特征。

(3)假设检验工具

如t检验、卡方检验、F检验等,用于检验数据是否符合某种假设或模型。

(4)回归分析工具

如线性回归、逻辑回归、多项式回归等,用于分析变量之间的关系和预测未来趋势。

(5)方差分析工具

如ANOVA、协方差分析等,用于比较不同组数据的均值是否存在显著差异。

(6)非参数统计工具

如秩和检验、中位数检验等,用于处理非正态分布的数据或不符合某些特定假设的数据。

(7)贝叶斯统计工具

基于贝叶斯定理的方法,用于在已知先验信息和样本信息的情况下,估计未知参数的值。

(8)时间序列分析工具

如ARIMA模型、指数平滑等方法,用于分析随时间变化的数据序列,预测未来的趋势和变化。

2)统计学基础应用场景

统计学用到了大量的数学及其他学科的专业知识,其应用范围十分广泛,几乎覆盖了社会科学和自然科学的各个领域。包括但不限于人口普查、农业研究、金融领域、健康与医疗、企业管理、工程设计、心理学研究、体育比赛分析、社会结构研究、能源消耗分析、环境保护等应用场景。

任务五　商务数据分析的最新发展趋势

1.商务数据分析的发展趋势与方向

商务数据分析的最新发展趋势是多方面且向好的,这些发展趋势和方向包括数据科学和商业智能的结合、大数据技术的应用、人工智能和机器学习的应用、数据可视化与交互、多源数据融合与分析、数据驱动的客户体验优化、实时数据分析和预警、数据安全和隐私保护等新领域、新形势。为了适应这些发展趋势,商务数据分析人员需要不断学习新技术和方法,提升自身的能力和素质,为企业提供更好的数据支持和服务。

2.商务数据分析的发展前景

商务数据分析的发展前景非常广阔。随着国家政策的牵引、大数据时代的深入和技术的不断进步,商务数据分析将在商务决策、市场分析和风险管理等方面发挥更加重要的作用。同时,商务数据分析行业也将不断涌现出新的机遇和挑战。

1)政策拉动发展

为紧紧抓住全球新一轮科技革命和产业变革战略机遇,国家和各级地方政府根据"十四五"规划纲要和《"十四五"国家战略性新兴产业发展规划》,正在积极推进战略性新兴产业的加快发展,构建实体经济、科技创新、现代金融、人力资源协同发展的现代化产业体系。因此,商务数据分析将在经济社会发展中发挥越来越重要的作用,从而获得高质量、可持续发展。

2)市场推动发展

随着大数据时代的到来,数据的规模和复杂性不断增加,企业对商务数据分析的需求将不断增强。商务数据分析将逐渐成为企业核心竞争力的重要组成部分。

3)技术驱动发展

随着人工智能、机器学习和云计算等新一代信息技术的加快发展,商务数据分析的理念和工具及方法也在不断更新和迭代。同时,技术的进步使商务数据分析更加智能化、自动化和个性化。

3.商务数据分析人员的就业前景

商务数据分析人员的就业前景乐观,市场需求大、薪资水平高、职业发展前景广阔、跨界融合机会多等方面都为其职业发展提供了良好的机遇。但要想成为一名优秀的商务数据分析师,就需要具备扎实的专业知识和技能,还需要不断学习和实践,提升自己的能力和经验,以迎接波澜壮阔的新征程和新时代,更好地实现自己的人生价值。

项目小结

本项目系统地介绍了商务数据分析的核心内涵及其在现代商业决策中的关键作用。从基础层面认识了数据分析的概念和在商务场景下的特定应用及价值体现,建立了数据思维方式。同时,也夯实了统计学基础知识,能够运用各种统计方法解决实际商务问题,提升数据洞察力。此外,本项目还介绍了商务数据分析的前沿趋势,紧跟时代步伐,可以更好地将理论知识与实际相结合,利用数据分析赋能企业决策。

思考与练习

1.解释数据分析的概念,并提供一个实际应用场景。

2.商务数据分析相对于传统数据分析有何不同之处? 举例说明。

3.什么是数据思维? 为什么在当今商业环境中它变得如此重要?

4.以一个实际案例说明如何运用数据思维解决一个业务问题。

5.列举并简要解释数据分析的基本步骤。

6.在数据分析流程中,为何数据清洗是至关重要的一步?

7.你认为在数据分析流程中最容易被忽视的环节是什么? 如何避免忽视这一环节?

8.列举不低于5个描述数据集的常用指标,并分别列示一个基础应用。

9.如果你是一家电商公司的数据分析师,你会如何运用数据分析流程来优化用户购物体验?

10.简要分析一下商务数据分析从业人员的职业前景。

项目二
商务数据处理

◇学习目标

知识目标：
· 了解并掌握商务数据的各种来源，评估各来源数据的可靠性和适用性。
· 学习如何使用不同的数据采集工具和技术，用于实时或批量获取数据。

技能目标：
· 独立设计并实施数据采集计划，选择使用适当工具和技术，获取所需商务数据。
· 具备实际操作能力，能够进行数据整合、清洗和转换，解决数据质量问题，形成高质量的数据集。

素养目标：
· 培养学生严谨细致的工作态度，注重数据的真实性和可靠性。
· 树立尊重他人隐私和遵守法律规范的职业道德观，认识到数据安全与合规的重要性，承担起保护个人信息和商业秘密的社会责任。

◇项目描述

该项目旨在让学生系统地掌握商务数据从采集、加工到质量控制及隐私保护的全链条管理流程。本项目以项目实战为导向，围绕数据生命周期的关键环节，设置了3个递进的任务模块，分别为数据采集、数据加工、数据质量与隐私保护，力求使学生在理论学习与实践操作中全面提升商务数据处理能力，同时培养其在数据处理过程中的职业道德与社会责任感。

任务一　数据采集

假如某手机厂家主营中低端品牌手机生产和销售,其主要销售途径为通过电商平台在线销售。该厂家分析发现,在2023年的"双十一"和"双十二"购物狂欢节的销售业绩出现了近20%的大幅下滑。我们接受了该厂家的委托,对电商平台上的该品牌手机的数据进行采集,包括商品的基本信息、价格、销量以及用户评价等,用以分析该品牌手机的市场表现,找到销售业绩下降的主要原因,并为扭转降势、促进销售提供决策参考。

任务描述

任务目标:

掌握主要的数据来源,包括企业内部数据和外部数据的主要类型;了解不同数据源的采集工具和方法,熟练掌握数据门户、API接口、网络爬虫、ETL和传感器等常用的数据采集技术、工具和方法;了解数据的格式及其存在形式,熟悉不同类型数据的处理和存储相关知识与技能,为进一步学习数据分析和应用夯实基础。

任务要求:

根据教学目标和学生的实际情况,设置适当的任务要求。例如,结合适当的案例,要求学生明确数据采集的目标,即需要采集哪些数据,用于什么目的。采集一定量的数据,或对数据进行特定的处理和分析;采集至少1 000条关于某品牌的提及数据;对数据进行情感分析,给出分析报告;提交采集到的所有数据等。

任务评价:

任务评价标准包括数据采集的完整性、准确性、效率;评价方式为评分式,即根据学生实际完成情况和评价标准作出比对并评分。

注意事项:

在进行数据采集时,应当自觉遵守相关法律法规和道德规范,尊重他人的合法权益和劳动成果,避免出现侵犯隐私和版权等问题。

1.数据来源

1)内部数据

企业内部数据主要包括企业数据库和日志文件等。

(1)企业数据库

企业数据库是企业自身运营过程中生成和收集的数据,它们通常存储在企业的各种业务信息系统中。这些数据反映了企业内部的运行状况、交易情况、库存状况、客户信息、客户行为和财务状况等多方面信息,是企业进行内部数据分析的重要基础,对于进行商务数据分析具有极高的价值。常见的企业内部业务信息系统有 ERP、CRM 和 POS 系统等。

①ERP 系统:ERP 是企业资源计划(Enterprise Resource Planning)的简称,是指建立在信息技术基础上的,集信息技术与先进管理思想于一身的,以系统化的管理思想为企业员工及决策层提供决策手段的管理平台。它涵盖了企业管理的核心功能,能提供全面的企业运营数据,核心思想是供应链管理。

②CRM 系统:CRM 是客户关系管理系统(Customer Relationship Management)的简称,是以客户数据的管理为核心,利用信息科学技术实现市场营销与服务等活动自动化,并建立一个客户信息的收集、管理、分析、利用的系统,帮助企业实现以客户为中心的管理模式。

③POS 系统:POS 系统是指通过自动读取设备(如收银机)在销售商品时直接读取商品销售信息(如商品名、单价、销售数量、销售时间、销售店铺、购买顾客等),并通过通信网络和计算机系统传送至有关部门进行分析加工以提高经营效率的系统。POS 系统详细记录了每笔交易的发生时间、商品详情、交易金额、支付方式等,可以用来分析销售趋势、热销产品及顾客消费习惯。

④人力资源管理系统:包含了员工个人信息、工作绩效、培训记录、薪酬福利等数据,有助于优化人力资源配置、提高员工满意度和工作效率。

⑤供应链管理系统:涵盖了从供应商到消费者的整个链条上的物流、库存、订单处理等环节的数据,对于优化供应链效率、降低成本至关重要。

(2)日志文件

应用程序和系统通常生成日志文件,记录各种活动和事件。这些日志文件可以包含有用的信息,但通常需要解析和分析。使用日志分析工具或脚本可以有效地访问和分析这些数据。

2)外部数据

企业外部数据主要包括社交媒体数据、开放数据和物联网(IoT)设备数据。

(1)社交媒体数据

社交媒体和网络平台是现代商务数据分析中不可忽视的重要数据来源,它们产生的数据类型多样、实时性强且数量巨大。这些数据包括用户的行为数据、内容生成数据、交互数据等,能够揭示消费者习惯、社会趋势、品牌口碑、市场情绪等多种信息。常见的社交媒体和网络平台数据信息有以下4类。

①用户行为数据:如用户的登录频率、在线时长、点赞、分享、评论等互动行为。

②内容生成数据:用户在平台上发布的内容,如帖子、图片、视频、直播、博客文章等。

③社交关系数据:用户之间的关注、好友、群组关系等,反映用户的社会网络结构。

④地理定位数据:通过GPS或签到功能获得的地理位置信息,可用于分析区域热点和活动范围。

（2）开放数据

许多政府机构、研究机构和组织都提供了开放数据,这些数据通常以结构化格式提供,涵盖各种主题,如气象、交通、经济、卫生等。常见的开放数据类型有:

①政府公开数据。是由政府部门定期发布的各类统计数据、法规文件、公共项目信息等。如国家统计局发布的统计数据中,有每年定期发布的上一年度的国民经济和社会发展统计公报。

②第三方数据。是指由第三方数据服务提供商提供的数据,如市场调研公司、征信公司提供的行业报告、消费者画像、信用评级等商业数据。第三方数据在丰富和补充数据、精准营销、风险管理、市场研究与战略规划等方面具有重要作用。

开放数据还包括科研数据库、教育数据库、经济与金融数据库、地理信息系统(GIS)数据库等。

（3）物联网设备数据

物联网(IoT)设备数据按其来源,通常可分为:

①传感器数据:物联网设备通常内置多种类型的传感器,如温度传感器、湿度传感器、光照传感器、运动传感器等,它们持续不断地监测物理环境中的变化,并将这些信息转化为数字信号。

②智能设备数据:包括智能家居产品、智能穿戴设备、工业生产设备等产生的数据,例如健康监测数据、能源消耗数据、设备运行状态数据等。

③定位数据:使用GPS或其他定位技术的设备可以提供地理位置信息,用于追踪物流、交通流量分析和地理围栏应用等场景。

④网络通信数据:物联网设备之间以及设备与云端服务器之间的交互数据,如控制指令、状态更新、警报信息等。

2.数据采集工具与技术

企业内部数据,可使用内部API来访问和共享。外部数据中的社交媒体数据,可以通过API接口或者网络爬虫等技术获取来自Facebook、Twitter、LinkedIn等社交平台上的用户行为数据、评论意见、话题热度等信息,也可以抓取电商网站的商品信息、用户评价等;政府公开数据和第三方数据等开放数据,可以通过数据门户或API来获取;物联网(IoT)设备数据可以通过传感器来获取。

1)API接口

API是应用程序编程接口（Application Programming Interface）的简称，它是一种软件中间件，定义了不同系统之间交互的规则和约定，允许一个程序通过预设的方式访问另一个程序的功能或数据，是访问内部系统或第三方服务数据的主要方式之一。在商务数据分析中，API接口是获取实时、高质量数据的重要手段之一。

（1）API类型与特点

RESTful API：基于HTTP协议的API设计风格，通过GET、POST、PUT、DELETE等操作实现资源的获取、创建、更新和删除。它具有简洁、易用、跨平台兼容性强等特点。

SOAP API：一种基于XML的数据交换格式，提供了一种标准的方法来调用Web服务，支持远程过程调用（RPC）模式。它更适用于高度结构化且需要严格安全控制的环境。

（2）API认证与授权

认证：确保请求来源的身份合法。常见的认证方式包括API密钥、OAuth、JWT（JSON Web Tokens）等。

授权：确定已认证用户可以访问哪些资源。如基于角色的访问控制（RBAC）、权限级别控制等。

（3）API请求与响应

请求：通常通过发送HTTP请求至指定的URL（Uniform Resource Locator），并携带必要的头信息（如认证令牌）以及可能的请求体参数。

响应：服务器接收到请求后，会根据请求内容返回相应状态码（如200表示成功）、响应头信息以及响应体数据，响应体通常以JSON或XML等格式呈现。

（4）API文档的重要性

为了正确使用API，开发者需阅读和理解API提供商提供的官方文档，其中包含API端点（Endpoint）、请求方法、请求参数、响应格式、错误代码含义等内容。

（5）使用API进行数据采集

在商务数据分析场景下，API可用于从内部系统或外部数据源提取所需数据。数据分析师或开发人员可编写脚本或程序调用API接口，将抓取到的数据进行清洗、整合及分析。

2)Web爬虫

Web爬虫也称为网络爬虫或网页抓取器，是一种自动抓取互联网上公开信息的程序，它通过模拟用户行为在互联网上遍历网页，并从中提取、抓取和存储有价值的数据。

（1）Web爬虫常用的编写工具

Python中的Scrapy和Beautiful Soup库是编写爬虫的常用工具，可以模拟浏览器行为，解析HTML页面内容。

（2）Web爬虫工作原理

Web爬虫的基本原理是通过HTTP协议向目标网站发送请求，然后解析返回的HTML文档，从中提取出需要的信息并存储，具体情况如图2-1所示。

图2-1　Web爬虫工作原理示意图

（3）Web爬虫分类

通用爬虫：全网爬虫，旨在尽可能覆盖整个互联网，搜索引擎的爬虫属于此类别。

聚焦爬虫：针对特定主题或领域，有选择性地爬取相关内容，更适用于商务数据分析场景。

（4）常见网络爬虫工具

八爪鱼采集器：一款通用网页爬虫，使用简单，可视化操作，可采集任何网站，数据可导出多种格式，采集商品价格、销量、描述等内容方便。

147采集软件：支持全网抓取数据、指定任意网站抓取、全自动抓取，即便是不具备专业技术知识的用户，也能够轻松上手。

3）ETL工具

ETL是数据集成过程中3个关键阶段的缩写。

Extract（抽取）：从不同源头获取或提取所需的数据，这些源头可以包括数据库、文件系统、API接口、Web服务、传感器等。

Transform（转换）：对抽取到的数据进行清洗、转换和整合，以满足目标数据存储或分析系统的格式要求。

Load（加载）：将经过转换后的数据加载到目标系统中，如数据仓库、数据湖、BI系统、数据分析平台或其他数据库。

（1）ETL工具的作用

ETL工具是一类专门设计用于执行上述3个步骤的软件产品，它简化了复杂的数据迁移和集成过程，提高了数据质量，降低了手动处理的成本，并确保了数据处理的可重复性和一致性。

（2）常见的ETL工具

开源工具：如Apache Nifi、Talend Open Studio、Pentaho Data Integration（Kettle）、Airflow等，它们提供免费且强大的数据处理能力。

商业工具：如Informatica PowerCenter、IBM DataStage、Microsoft SQL Server Integration Services (SSIS)、Oracle Data Integrator (ODI)等，这些工具通常具有更完善的性能监控、安全控制以及企业级支持服务。

（3）ETL工具的功能特性

数据源连接性：支持多种类型的数据源接入，如关系型数据库、云服务、SaaS应用等。

数据清洗与转换：内置丰富的数据处理组件，支持数据去重、字段合并、字符串操作、日期时间格式转换、数值计算等功能。

工作流设计与调度：通过拖拽方式构建工作流程，支持任务依赖关系设置，能够按照预设的时间计划自动执行ETL任务。

错误处理与日志记录:在ETL过程中,能够捕获并记录异常情况,支持错误数据的重试、跳过或者路由至特定位置,便于后期排查问题。

性能优化与扩展性:针对大规模数据处理场景,提供分区、并发、缓存、负载均衡等多种策略以提升处理效率,并具备良好的分布式环境适应能力。

4)传感器

传感器是物联网(IoT)架构的基础组成部分,负责从物理世界中收集信息,并将其转化为可处理的数字信号。对于工业制造和物流运输等行业,设备传感器产生的实时数据是重要的数据来源。

(1)传感器的工作原理

传感器是一种设备,用于探测、测量和响应来自环境或系统的特定物理量、化学量或其他现象,如温度、湿度、光照强度、声音、压力、速度、加速度、位置等。其工作流程通常包括感知(将物理量转换为电信号)、调理(放大、滤波、线性化等预处理操作)以及数字化(通过模数转换器将模拟信号转成数字信号)。

(2)物联网中的传感器类型

在物联网应用中,广泛使用多种类型的传感器,如温度传感器监测物体或环境的温度变化;加速度传感器检测运动状态或方向变化,常用于移动设备和工业监控系统;地磁传感器用于确定设备的方向和地理位置;气压传感器测量大气压力以支持气象预测和无人机导航等。

(3)物联网数据采集

传感器持续不断地采集数据,并通过有线(如RS485、以太网)或无线(如Wi-Fi、蓝牙、Zigbee、LoRaWAN、NB-IoT)方式传输到中央处理器、网关或者云端数据中心。这些数据是物联网生态系统的核心资源,这些实时数据构成了物联网的大数据基础。

3.数据格式及处理

1)数据格式

数据采集的数据可以是结构化、半结构化或非结构化的。结构化数据以表格形式存在,半结构化数据可以是XML或JSON格式,非结构化数据可以包括文本、图像、音频等。

(1)结构化数据

数据库:结构化数据通常存储在关系数据库管理系统(RDBMS)中,采用表格形式进行组织。数据库使用表、行和列来表示数据,使其易于查询和分析。

电子表格:电子表格软件如Microsoft Excel或Google Sheets允许用户创建和维护结构化数据。这些数据以行和列的形式呈现,适用于小规模数据集和数据分析。

(2)半结构化数据

XML(可扩展标记语言):XML是一种标记语言,用于描述数据的结构。它具有树状结构,使用标签来标识数据元素。XML常用于数据交换和文档描述。

JSON（JavaScript 对象表示）：JSON 是一种轻量级数据交换格式，广泛用于 Web 应用程序。它使用键值对的形式来表示数据，具有更简洁的语法，适用于 API 和 Web 服务的数据传输。

（3）非结构化数据

文本数据：非结构化文本数据包括文章、评论、社交媒体帖子、电子邮件等。文本数据通常需要自然语言处理技术来提取信息和进行情感分析等任务。

图像数据：图像数据包括照片、图表、绘画等。处理和分析图像数据通常需要计算机视觉技术，例如图像识别和物体检测。

音频数据：音频数据包括语音录音、音乐文件等。处理音频数据需要声音信号处理技术，如语音识别和音频特征提取。

2) 数据处理

处理和存储不同类型的数据，是数据分析及应用的基础和前提。

（1）结构化数据的处理和存储方法

通常采用数据库管理系统（DBMS）和 ETL 工具等方法来处理结构化数据，采用关系型数据库和数据仓库等方法来存储结构化数据。

数据库管理系统（DBMS）：结构化数据通常存储在关系型数据库中，如 MySQL、Oracle、SQL Server。数据可以使用 SQL 查询语言来检索、更新和分析。

ETL 工具：用于提取、转换和加载数据。ETL 流程用于清洗、转换和整合来自不同来源的数据。

关系型数据库：数据可以存储在关系型数据库表中，使用适当的索引来提高查询性能。

数据仓库：对于大规模结构化数据，数据仓库用于集中存储和分析数据。

（2）半结构化数据的处理和存储方法

通常采用解析器和 NoSQL 数据库等方法来处理半结构化数据，采用文档数据库和文件存储等方法来存储半结构化数据。

解析器：XML 和 JSON 数据可以通过解析器进行解析，将其转换为结构化数据。

NoSQL 数据库：一些 NoSQL 数据库，如 MongoDB 和 Cassandra，适合存储半结构化数据，因为它们可以存储键值对或文档型数据。

文档数据库：XML 和 JSON 数据通常存储在文档数据库中，它们专门用于存储半结构化数据。

文件存储：半结构化数据可以作为文本文件存储，通常以 XML 或 JSON 格式。

（3）非结构化数据的处理和存储方法

通常采用自然语言处理（NLP）、计算机视觉技术和音频处理技术等方法来处理非结构化数据，采用分布式文件系统和对象存储等方法来存储非结构化数据。

任务实施

1.确定采集数据来源与范围

（1）商品基本信息

来源于商品详情页面,包括商品标题、主图、品牌、型号、颜色、规格参数等。

（2）价格数据

商品页面显示的实时价格信息。

（3）销量数据

商品页面展示的累计销量或近一段时间的销量数据。

（4）用户评价数据

商品详情页下方的用户评价列表,包括评价内容、评价等级、评价时间等。

2.数据采集工具与技术

1)网络爬虫技术

使用 Python 的 Scrapy 框架或 BeautifulSoup 库来爬取电商平台商品页面信息。由于电商平台采用了动态加载机制,可能还需要配合 Selenium 模拟浏览器行为来加载完整的商品详情和评论数据。代码(使用 Selenium 配合 BeautifulSoup)如图 2-2 所示。

2)API接口采集

电商平台提供了一系列 API 给开发者使用,但在实际操作中,大部分商品数据并不对外公开 API,故本任务主要依靠网络爬虫技术。

通过申请获得了淘宝 API 的授权,可以进行商品数据的采集。

以下是一个基本的 API 数据采集过程。

```python
from selenium import webdriver
from bs4 import BeautifulSoup
# 初始化 webdriver, 使用 Chrome 浏览器
driver = webdriver.Chrome(executable_path='path/to/chromedriver')
# 访问指定商品详情页
url = 'https://item.taobao.com/item.htm?id=商品 ID'
driver.get(url)
# 确保页面加载完成, 如等待特定元素加载出来
# (这里假设有一个 id 为'J_DetailMeta'的元素表示页面加载完毕)
wait = WebDriverWait(driver, 10)
wait.until(lambda d: d.find_element_by_id('J_DetailMeta'))
# 获取页面源代码
page_source = driver.page_source
# 使用 BeautifulSoup 解析页面
soup = BeautifulSoup(page_source, 'lxml')
# 从页面 DOM 树中提取所需数据
# 示例: 提取商品标题
title = soup.find('div', {'id': 'J_Title'}).find('h3').text
# ...其他数据的提取...
# 关闭 webdriver
driver.quit()
```

图2-2　使用Selenium配合BeautifulSoup的
网络爬虫代码示例

第一步:准备工作

(1)注册并创建应用

首先,登录电商开放平台,注册成为开发者并创建一个新应用;然后,在应用创建过程中填写相关信息,选择对应的商品API权限(如商品搜索API、商品详情API等)。

(2)获取AppKey和AppSecret

在应用创建成功后,得到平台分配的AppKey和AppSecret,这两个是调用API时的身份凭证。

第二步:获取Access Token

大部分电商API调用需要Access Token,它是基于OAuth2.0协议获取的临时授权凭证。

通过AppKey和AppSecret获取Access Token:发送请求到指定的授权接口,携带AppKey和AppSecret进行身份验证。示例请求代码详见图2-3。

```
POST https://oauth.taobao.com/token

Authorization: Basic base64encode(AppKey:AppSecret)

grant_type=client_credential&scope=https://api.taobao.com/
```

图2-3 电商平台API调用获取Access Token的请求示例

成功响应后,服务器会返回包含Access Token和有效期的JSON对象。

第三步:调用商品API

使用Access Token发起商品数据请求:选择合适的API接口,例如获取商品详情的接口"taobao.item.get";构造请求URL,包括API路径及所需参数,以商品ID(num_iid)为例的构造请求URL如图2-4所示。

```
GET https://api.taobao.com/router/rest?

  method=taobao.item.get&

  fields=item_img,price,title,nick,seller_cids&

  num_iid=商品ID&

  timestamp=时间戳&

  format=json&

  access_token=你的 Access Token
```

图2-4 构造请求URL示例

发送GET请求到上述URL,其中"fields"参数指定想要获取的商品字段。

处理响应数据:服务器会对请求做出响应,通常以JSON格式返回商品数据;对返回的JSON数据进行解析,提取所需的商品信息。

第四步：轮询或批量处理

①当批量采集大量商品数据时，可以循环遍历商品ID列表，逐个调用API获取每个商品的信息。

②注意要遵守淘宝API的频率限制和其他使用规则，避免被封禁或限制。

实际示例代码（Python简化版）如图2-5所示。

```python
import requests
import json
import time
# 假设已获取 AppKey、AppSecret 和 Access Token
app_key = 'your_app_key'
app_secret = 'your_app_secret'
access_token = 'your_access_token'
# 商品 ID 列表
item_ids = ['商品 ID1', '商品 ID2', ...]
for item_id in item_ids:
    # 构建请求 URL
    url = f"https://api.taobao.com/router/rest?method=taobao.item.get&num_iid={item_id}&fields=item_img,price,title,nick&access_token={access_token}"
    # 发送 GET 请求
    response = requests.get(url)
    # 检查响应状态码
    if response.status_code == 200:
        # 解析 JSON 响应
        data = json.loads(response.text)
        # 提取商品信息
        item_title = data['result']['title']
        item_price = data['result']['price']
        item_img = data['result']['item_img']
        # 进行后续处理，如保存到数据库或文件
        save_item_info(item_title, item_price, item_img)
        # 控制请求频率，防止被限流
        time.sleep(1)  # 延迟一秒再请求下一个商品
    else:
        print(f"请求失败，状态码：{response.status_code}")
```

图2-5　轮询或批量处理代码示例

实际开发中需处理异常、错误码以及 API 的版本更新等问题。同时,根据具体 API 文档调整请求参数和响应处理方式。

3.采集回来的数据格式及处理过程

(1)原始数据格式

爬取到的商品信息通常是以 HTML 的形式存储在内存中。

(2)数据清洗与转换

使用 Python 正则表达式、BeautifulSoup 或者其他解析库将 HTML 内容转换为结构化的数据(如字典或 DataFrame),存储为 JSON 或 CSV 等格式。

(3)缺失值处理

检查是否存在缺失值,如缺少图片 URL、价格为空等,根据实际情况选择填充、删除或标注。

(4)数据标准化

对抓取到的价格、销量等数值型数据进行标准化处理,便于后续分析。

(5)数据持久化

将清洗好的数据存储到本地文件(如 CSV 文件)或数据库(如 SQLite、MySQL 等)中。

任务二　数据加工

案例导入

假设我们正在为某大型电商平台进行用户购买行为的数据分析。该平台积累了大量的用户交易数据,其中包括用户的个人信息(如年龄、性别、地区等)、商品信息(如类别、价格、销量等)以及交易记录(如购买时间、购买数量、购买频率等)。然而,这些原始数据分布在不同的数据库表中,格式各异,且存在缺失值、重复值、异常值等问题。

任务描述

任务目标:

掌握主要的加工方法,包括数据整合的主要方式,数据清洗的主要方法,熟悉不同类型数据的处理和转换,为进一步学习数据分析和应用夯实基础。

任务要求:

根据教学目标和学生的实际情况,设置适当的任务要求。例如,结合适当的案例,要求学生进行数据重复值删除和数据异常值处理;结合某些数据进行数据关联整合整理;如何把某种数据转化成另一种形式。

任务评价:

任务评价标准包括数据加工的准确性和效率;评价方式为评分式,即根据学生实际完成情况和评价标准作出比对并评分。

注意事项:

在进行加工时,应当自觉遵守相关法律法规和道德规范,尊重他人的合法权益和劳动成果,避免出现侵犯隐私和版权等问题。

知识准备

1.数据整合

在商务数据分析场景下,数据加工是一个迭代且复杂的过程,其中数据整合、数据清洗和数据转换是相互交织但又相对独立的几个关键环节。数据整合是将来自不同数据源的数据集合在一起,并确保这些数据能够在单一视图中一致且准确地表示。这个过程可能涉及数据迁移、数据同步、数据复制和数据融合等操作,目的是消除数据孤岛,建立统一的数据视图。

在商务数据分析中,数据整合是一项基础且关键的任务。由于企业运营产生的数据往往分散在不同的系统、平台甚至部门中,形成所谓的"数据孤岛"。数据整合的目的就是把这些来自多元异构源头的数据有效结合起来,形成一个统一、准确、全面的信息视图。

每种数据整合方法都有其适用场景和优缺点,选择哪种方法取决于企业的业务需求、数据规模、数据结构复杂性以及IT基础设施等因素。在实际操作中,往往需要结合多种方法,形成一套完整、灵活、可扩展的数据整合解决方案。

1)ETL(Extract Transform Load)过程

(1)抽取

从各种异构的数据源中提取所需数据,数据源可以包括数据库、文件、API、Web服务、传感器数据等。

(2)转换

对抽取的数据进行清洗、转换和规范化处理,包括去除重复记录、填充缺失值、纠正错误数据、格式转换、数据类型转换、数据标准化、数据聚合等操作。

(3)加载

将转换后的数据加载到目标系统中,如数据仓库、数据湖或业务应用程序,以便后续分析和应用。

2)数据联邦

数据联邦(Data Federation)是指将多个独立的数据库或者其他数据源通过中间件或虚拟化技术进行逻辑上的整合,使其看起来像是一个单一的数据库。用户可以通过一个统一的接口查询和操作分布在多个地方的数据,而无须关心数据的物理位置和存储格式。

3)数据集成中间件

数据集成中间件(Integration Middleware)提供了一种机制,允许数据在不同系统之间流动和同步。这种中间件通常具备数据路由、格式转换、协议转换等功能,支持实时数据交换和批量数据处理。

4)数据仓库

数据仓库(Data Warehouse)是一种特殊的数据库,用于整合来自多个业务系统的数据。通过ETL过程,数据仓库将数据转化为适合分析的格式,按照主题区域进行组织,并支持历史数据存储。

5)数据湖

数据湖(Data Lake)是一种大规模、松散结构的数据存储平台,它允许原始数据不经预处理就被摄取进来。

2.数据清洗

数据清洗是对原始数据进行审查以识别并纠正(或删除)不准确、不完整、不相关或格式不正确的数据的过程。它包括处理缺失值、异常值、重复记录、一致性检查、非法值检测等。它是数据分析前至关重要的一步,因为它直接影响到分析结果的质量和可靠性。数据清洗是发现并纠正数据文件中可识别的错误的最后一道程序,主要包括检查数据一致性、处理无效数据和缺失数据等。

1)缺失值处理

删除法:当缺失值占比不高时,可直接删除含有缺失值的记录或变量。

插补法:使用特定的策略填充缺失值,例如使用平均值、中位数、众数填充数值型数据;使用最频繁出现的类别填充分类数据;使用回归模型预测缺失值;或者通过时间序列分析预测缺失的时间序列数据。

缺失值处理

2)重复值处理

删除重复行:通过唯一标识符或一组关键字段识别并删除完全相同的记录。

合并重复记录:如果记录虽重复但某些属性不同,可以选择合并记录,例如取每个字段的非空值或者统计值。

3)异常值处理

删除异常值:对于偏离正常范围的极端值,若认定其为录入错误或非典型数据,可以剔除。

调整异常值:也可以尝试修复异常值,如使用 Winsorization 方法将异常值替换为上限或下限临近的合理值,或者使用回归预测、平滑方法等进行替代。

4)数据格式转换

将文本数据转换为数值数据,如日期字符串转日期格式,或者对分类变量进行标签编码等。

5)数据标准化与归一化

对数值数据进行标准化或归一化,使得不同尺度的特征可在同一尺度下进行比较。

3.数据转换

数据转换是在数据清洗之后,将清洗过的数据转化为适合分析的形式,也就是数据建模。这可能包括数据类型的转换、数据标准化(比如归一化或标准化)、数据聚合(如按时间段或类别汇总)、数据编码(如将分类变量转化为虚拟变量或标签编码),以及计算衍生变量等。数据转换旨在使数据满足特定分析工具或算法的要求,便于进一步的数据挖掘、统计建模或机器学习应用。

1)数据转换的主要类型与目的

(1)数据类型转换

将数据从一种类型转换为另一种类型,如将字符串类型的日期转换为日期格式。

(2)数据尺度变换

归一化/标准化:使不同量纲或取值范围的数据具有可比性。

对数转换:处理偏斜分布或改善非线性关系。

数据离散化:将连续变量转化为离散类别,如等宽分箱、等频分箱,适用于机器学习算法中不适合处理连续变量的情况。

特征构建:基于现有数据创建新的特征变量,比如计算两个特征的比率、提取时间序列特征、构造交互项等。

数据聚合:在时间序列分析或分组分析中,对数据进行汇总统计,如求和、平均等。

2)案例演示

以 Python pandas 库为例,展示如何进行数据转换,如图2-6所示。

```Python
1   import pandas as pd
2   from sklearn.preprocessing import StandardScaler
3
4   # 假设有如下DataFrame:
5   df = pd.DataFrame({
6       'CustomerID': [1, 2, 3, 4],
7       'Age': [25, 30, 35, 'N/A'],
8       'Income': [50000, 60000, 70000, 80000],
9       'PurchaseDate': ['2021-01-01', '2020-12-15', '2021-03-10', '2020-11-25']
10  })
11
12  # 数据类型转换
13  df['PurchaseDate'] = pd.to_datetime(df['PurchaseDate'])  # 将日期字符串转换为日期类型
14
15  # 处理缺失值并将年龄列转换为数值类型
16  df['Age'].replace('N/A', pd.NA, inplace=True)
17  df['Age'] = df['Age'].astype(float).fillna(df['Age'].mean())
18
19  # 数据尺度变换:对'Income'列进行标准化
20  scaler = StandardScaler()
21  df['Income_scaled'] = scaler.fit_transform(df[['Income']])
22
23  # 特征构建:假设我们想加入一个'Age-Income'比值的新特征
24  df['Age_Income_Ratio'] = df['Age'] / df['Income']
25
26  # 数据聚合:按年份统计每个客户的总消费额(假设已有一个'Amount'列)
27  df['Year'] = df['PurchaseDate'].dt.year
28  annual_spending = df.groupby(['CustomerID', 'Year'])['Amount'].sum().reset_index()
29
30  # 显示转换后的部分数据
31  print(annual_spending.head())
```

图2-6 用 Python pandas 库进行数据转换

对于电子商务公司的用户交易数据,可以按照以下6个步骤进行数据加工和分析。

第1步:数据获取与导入。

确保从数据库或其他数据源收集到了所有必要的交易数据,这些数据通常以表格形式存在,包含购买日期、商品名称、价格、购买数量等字段。在Excel中,可以通过"数据"菜单下的"自文本"功能导入CSV或其他格式的数据文件。

第2步:数据理解与探索。

数据浏览:打开数据表后,查看前几行数据,了解各个字段的意义和数据格式,例如确认日期是否已正确格式化,商品名称是否有重复或冗余,价格是否都是数值型且无异常字符,购买数量是否为正整数等。

数据概览:可以使用Excel的计数、求和、平均、最大最小值等函数初步统计各项指标的大致范围和集中趋势。

第3步:数据清洗与预处理。

重复值处理:选择能够唯一标识该行记录的属性列进行操作。在Excel中,可以通过"数据"菜单下的"删除重复值"功能删除属性列的重复值,数据重复值处理如图2-7所示。

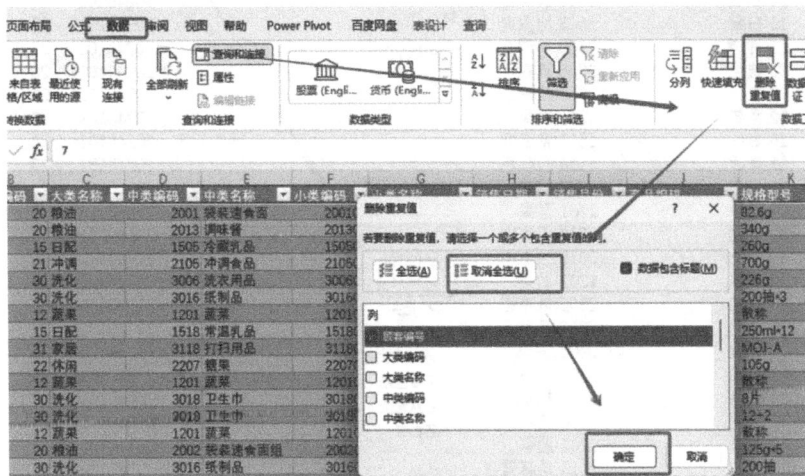

图2-7　数据重复值处理

缺失值处理:检查是否存在缺失值,例如某笔交易缺少商品名称或价格。

在已知某列数据完整无缺失的情况下,选中该列查看"计数"(表示该列有多少行数据),再查看其他列的"计数"进行对比。即,【其他列的缺失数量 = 该列的"计数" – 其他列的"计数"】,定位缺失值(定位条件为"空值")如图2-8所示。

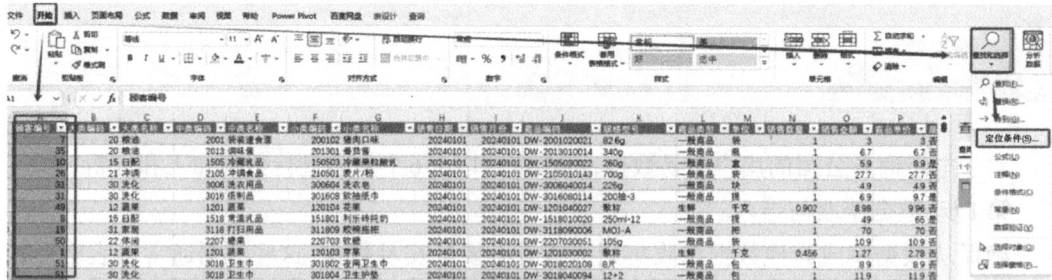

图2-8　定位缺失值

异常值检测:针对价格和购买数量,检查是否存在不合理或超出正常范围的值,如价格为负数或购买数量过大,这些可能代表数据录入错误或异常交易,需要进一步核查或修正。异常值检测如图2-9所示。

图2-9　数据异常值处理

一致性处理:保证数据的一致性,比如商品名称的拼写一致,避免因同一商品的不同称呼导致数据失真,可能需要用到查找替换、文本处理函数或数据透视表来实现。

第4步:数据转换与集成。

数据编码:如果商品名称为分类变量,可能需要将其转化为数值编码,便于后续分析。例如,使用"VLOOKUP"或"INDEX MATCH"函数建立商品编码表并映射到原始数据。

鼠标拖动选中要拆分的数据,单击"数据"选项卡中的"分列",在"文本分列向导"中选择"分隔符号"→"下一步",选择数据的"分隔符"。这里选择"空格"。可在"数据预览"窗口预览数据。转换数据类型如图2-10所示。

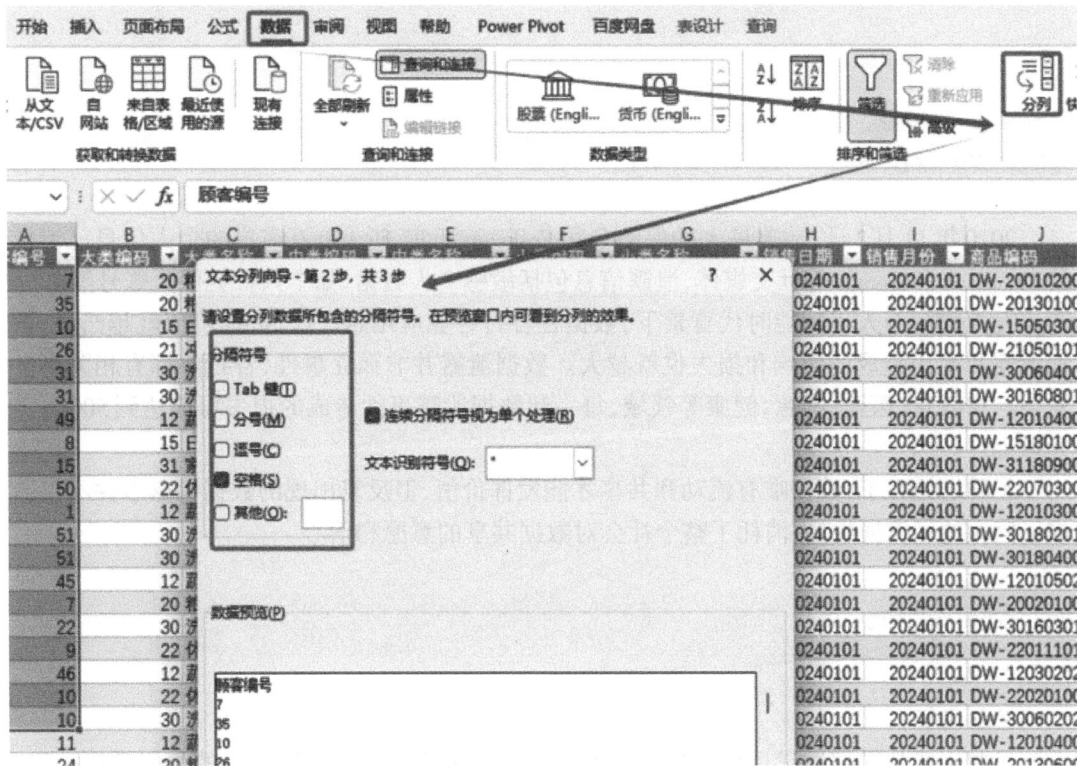

图2-10　转换数据类型

时间序列处理:将购买日期字段转化为易于分析的格式,如年月日级别,或者计算出购买周、季度等周期性特征。数据排序如图2-11所示。

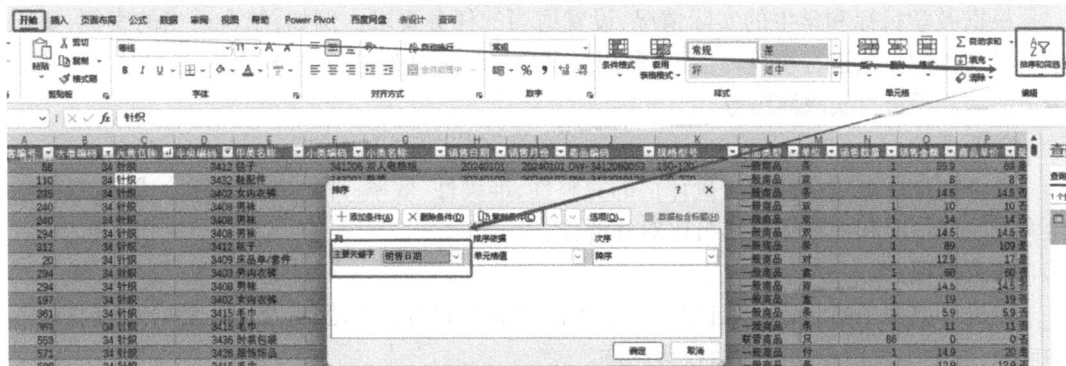

图2-11　数据排序

任务三　数据质量与隐私保护

案例导入

　　2020年11月3日,瑞典最大的保险公司Folksam证实,近100万客户的个人信息已泄露给Facebook和Google等社交媒体,泄露信息包括敏感个人数据,如个人社会保险账号等。

　　在大数据与人工智能时代背景下,数据在各行各业应用越广泛,数据价值就越凸显,数据泄露和滥用造成的影响和损失也就越大。数据泄露并非孤立事件,各行业都有相关事件发生。在教育、医药、能源、健康等领域,每一起数据泄露事件造成的损失可能达到500万美元以上。

　　矛盾之处在于,数据唯有流动和共享才能发挥价值,但反复出现的数据泄露事件不仅造成了巨大的经济损失,更消耗了整个社会对数据共享的意愿和信心。

任务描述

任务目标:

　　掌握主要的数据质量评估框架,包括形式质量、内容质量和效用质量的主要类型;了解何时需要进行数据质量评估;了解数据隐私及合规性的主要内容,熟悉数据隐私保护的主要方法,为进一步学习数据分析和应用夯实基础。

任务要求:

　　根据教学目标和学生的实际情况,设置适当的任务要求。例如,结合适当的案例,要求学生对获得的数据进行质量评估,并利用数据质量评估框架进行分类评估;对数据隐私和保护方法选几种进行实战演练等。

任务评价:

　　任务评价标准包括数据质量评估的完整性、准确性、效率;评价方式为评分式,即根据学生实际完成情况和评价标准作出比对并评分。

注意事项:

　　在进行数据采集时,应当自觉遵守相关法律法规和道德规范,尊重他人的合法权益和劳动成果,避免出现侵犯隐私和版权等问题。

知识准备

1.数据质量

数据质量是一个多维度的概念，可能涉及数据产品及其生产服务过程的多个方面，其本身不可测度。一般来说，对数据质量的认识通过将其分解为多个质量维度，并逐个识别实现。数据质量要素受行业领域、数据类型和应用目的等因素的影响极大，不存在面向所有领域和资源类型的普适性数据质量框架。

通常将数据质量分为形式质量、内容质量和效用质量3个基本种类。形式质量主要考量数据集在结构和表达形式上是否能很好匹配业务需求，以及是否易于理解和获得。内容质量主要考量数据集的具体内容和取值是否和实际业务相一致。效用质量主要考察数据集在业务特征以及时间维度上是否具有较高的关联性。这种分类方法并不是严格的、唯一的，只是为了便于理解。

1)主要数据质量评估框架

（1）完整性

完整性是自己定义的一个概念，这和数据库中完整性约束的概念不同，这里的完整性指的是数据集对具体业务对象的覆盖程度，一般可以从字段和记录两个方面来描述。数据完整性的常见指标是用户覆盖度、业务覆盖度、产品覆盖度。

（2）可理解性

可理解性指标用来表述数据集是否能清晰地反映业务逻辑，字段和取值的具体意义是否明确。

（3）一致性

一致性用来描述数据在不同维度的连贯性，包括数据集之间的横向连贯性和时间维度的纵向连贯性。一致性并不意味着数值上的绝对相同，而是数据收集、处理的方法和标准的一致。常见的一致性指标有ID重合度、属性一致、取值一致、采集方法一致、转化步骤一致等。

数据一致性处理

（4）可获得性

可获得性用来描述实际业务需要的数据获取的难易程度，包括采集、清理、转化等多个环节。常用指标有易于采集、易于处理、合适的存储方式。

（5）准确性

数据集是否能够精确无误地反映真实业务情况，准确性是数据质量的重要组成部分。常见指标有：缺失值占比、错误值占比、异常值占比、抽样偏差和数据噪声。

（6）可靠性

数据集是否值得信赖，包括数据采集、数据处理过程是否可靠等。常见指标有采集方法正确、上报过程可靠、处理方法正确、数据处理全流程通过测试。

(7)相关性

相关性指数据集中包含的属性是否能很好地描述业务目标,是否能清晰地解答业务问题。常用指标主要就是数据字段相关度。

(8)时效性

时效性可以理解为时间维度的数据相关性,即业务需求的时间范围和数据集表示的时间范围之间的关联程度。常见指标有时序区间覆盖度、数据更新频率。

对于互联网以及金融行业的大多数业务应用,常见的数据质量维度与框架见表2-1。

表2-1 数据质量框架的8个常见维度

质量框架		说明
基本层	准则层	
形式质量	完整性	不同于数据库的完整性约束概念,此处数据完整性描述数据集对具体业务目标的覆盖程度,可以从字段和记录两个维度分析
	可理解性	用来描述数据集是否能清晰地反映业务逻辑,字段和取值的具体意义是否明确
	一致性	用来描述数据在不同维度上的连贯性,包括数据集在时间轴上的前后连贯性和在相关的不同数据集之间的横向连贯性。一致性并不意味着数值上的绝对相同,而是数据收集、处理的方法和标准的一致
	可获得性	用来描述实际业务需要的数据的获取难易程度,包括数据采集、数据清理、数据转化等多个环节
内容质量	准确性	用来说明数据集对其描述或衡量的业务对象的描述程度。准确性是数据质量的重要组成部分
	可靠性	用来描述数据集的可信赖程度,包括对数据采集、数据加工、数据应用等所有环节的处理是否值得信赖
效用质量	相关性/可用性	用来说明数据集描述的概念对象和实际业务对象之间的相关程度,数据相关性是数据质量的重要组成部分
	时效性	用来衡量实际业务需求时间和数据可用时间之间的延迟,包括数据产生时的时间参数和数据更新频率等方面。在实际的业务系统中,时效性是数据质量的一个重要方面

2)何时需要进行数据质量评估

一般来说,有3种情况需要进行比较完整的数据质量分析。

①产生了全新的业务需求,需要对现有数据集进行一次质量评估,看看是否足以支持新的业务需求。

②当数据采集、清理、转化、存储等任一个环节产生了重大的技术变更(比如重构、使用新的工具)时,要对变更后产生的新的数据集进行质量评估。

③从一个新的数据来源获取了全新的数据,并期望将它应用在一个具体的业务中的时候。

2.数据隐私与合规性

数据保护和隐私问题在今天的数字时代变得越来越重要。随着数据的产生和收集量越来越大,数据分析和机器学习技术的发展也为人们提供了更多的价值。然而,这也带来了一系列隐私和合规性的挑战。

在过去的几年里,各国政府和法律制定者都开始关注这个问题。例如,欧盟通过了《通用数据保护条例》(GDPR),这是一项严格的法规,规定了企业如何处理个人信息,以及如何保护这些信息的隐私。在美国,《计算机私密性保护法》(CPPA)也是一项重要的法规,它规定了企业如何处理和保护个人信息。

1)数据保护

数据保护涉及保护数据的安全和完整性。这可能包括防止数据被篡改、泄露或损坏。在数据分析和机器学习领域,涉及使用加密技术、访问控制和数据备份等方法来保护数据的安全。

2)数据隐私

泄露数据隐私包括个人信息被泄露、篡改或损坏。在数据分析和机器学习领域,涉及使用数据掩码、数据匿名化和数据脱敏等方法来保护个人信息的隐私。

3)数据合规性

合规性是指遵守法律法规的能力。在数据保护和隐私问题上,合规性意味着遵守各种法规要求。这包括确保数据处理方法符合法规要求,并且有适当的安全措施来保护数据。

4)数据隐私保护方法

(1)数据掩码

数据掩码是一种用于保护数据隐私的方法,它涉及在数据中添加噪声,以防止泄露个人信息。这种方法可以用于保护敏感信息,例如医疗记录等。

(2)数据匿名化

数据匿名化是一种用于保护数据隐私的方法,它涉及从数据中删除个人信息,以防止泄露个人信息。这种方法可以用于保护敏感信息,例如财务记录等。

(3)数据脱敏

数据脱敏是一种用于保护数据隐私的方法,它涉及在数据中替换个人信息,以防止泄露个人信息。这种方法可以用于保护敏感信息,例如银行交易记录等。

任务实施

1.数据掩码实例

首先导入numpy库,然后创建一个原始数据集D。接着,生成一个随机的噪声矩阵N,并将其添加到原始数据集中,得到掩码后的数据集D_m。最后,打印掩码后的数据集,代码编写如图2-12所示。

```
1  import numpy as np
2
3  # 原始数据集
4  D = np.array([[1, 2], [3, 4], [5, 6]])
5
6  # 添加噪声
7  N = np.random.randn(2, 2)
8
9  # 掩码后的数据集
10 D_m = D + N
11
12 print(D_m)
```

图2-12　数据掩码

2.数据匿名化实例

首先导入numpy库,然后创建一个原始数据集D。接着,创建一个空矩阵P,将个人信息从原始数据集中删除,得到匿名化后的数据集D_a。最后,打印匿名化后的数据集,代码编写如图2-13所示。

```
1  import numpy as np
2
3  # 原始数据集
4  D = np.array([[1, 2], [3, 4], [5, 6]])
5
6  # 删除个人信息
7  P = np.array([[0, 0], [0, 0], [0, 0]])
8
9  # 匿名化后的数据集
10 D_a = D - P
11
12 print(D_a)
```

图2-13　数据匿名化

3.数据脱敏实例

首先导入numpy库,然后创建了一个原始数据集D。接着,创建一个空矩阵R,将个人信息从原始数据集中替换,得到脱敏化后的数据集D_s。最后,打印脱敏化后的数据集,代码如图2-14所示。

```
1  import numpy as np
2
3  # 原始数据集
4  D = np.array([[1, 2], [3, 4], [5, 6]])
5
6  # 替换个人信息
7  R = np.array([[0, 0], [0, 0], [0, 0]])
8
9  # 脱敏化后的数据集
10 D_s = D ^ R
11
12 print(D_s)
```

图2-14 数据脱敏化

项目小结

本项目专注于数据生命周期的初期阶段,深度探究并实操了商务数据处理的关键步骤。首先,在数据采集部分,学习并实践了如何根据商务需求制定有效的数据获取策略,合理利用各类工具和技术手段从不同源头采集高质量数据。随后,在数据加工环节详细探讨了数据预处理的重要性,涵盖了数据清洗、转换、整合等一系列操作,旨在消除噪声数据,修正不一致性,并将原始数据转化为可用于分析的形式。同时,还强调了在此过程中保证数据质量的关键技术和方法。在数据处理的过程中,特别重视数据安全与隐私保护问题,结合了相关的法律法规和伦理规范,并掌握了一系列实现数据脱敏、加密、权限管理等保护措施,确保在合法合规的前提下最大化数据的价值。

思考与练习

1. 设计一个产品销售数据分析项目,列举并解释至少3种可能的数据采集渠道,并分析各自的优缺点。

2. 分析一个具体的案例,阐述数据清洗的具体步骤(例如处理缺失值、异常值、重复值)及其对后续分析的影响。

3. 在数据加工过程中,如何量化评估数据质量?

4. 模拟以公开API或网络爬虫等方式抓取一份电商网站的商品销售数据,记录并讨论数据采集过程中的挑战及应对策略。

◇**学习目标**

知识目标：
· 理解并掌握商务数据分析的基本理论,掌握核心概念和方法。
· 熟悉相关数据分析工具在商务环境中的应用,理解其功能特点及适用场景。

技能目标：
· 能够独立完成从数据收集、整理到分析的全流程操作。
· 掌握商务问题建模的思路与方法,能选择合适的数据分析模型进行解决。

素养目标：
提升学生的问题意识和创新思维能力,鼓励他们在面对商务挑战时,能够用数据驱动的方法寻找解决问题的新路径,积极适应数字化时代的变革与发展。

◇**项目描述**

掌握运用商务数据分析方法,能够帮助学生系统地从原始数据中提炼有价值的信息,洞察市场趋势、消费者行为以及企业内部运营状况,从而为企业提供强有力的战略指导。

通过本项目的学习,学生们将在实践中锻炼并提升对数据分析工具的应用能力,培养严谨的数据思维习惯和基于数据驱动解决问题的能力。

任务一　商务数据分析方法概述

1.商务数据分析的内涵与作用

商务数据分析的内涵:商务数据分析是对企业内部业务数据及外部市场信息进行系统收集、整理、挖掘和解读的过程,目的是揭示隐藏在海量数据背后的商业规律和价值。

商务数据分析的作用:强调在大数据时代下,商务数据分析能力对于企业决策支持、战略规划、风险控制、市场营销等方面的关键作用。

2.商务数据分析的主要方法和技术

在商务数据分析实践中,常用的分析方法和技术有描述性统计、动态数列分析、相关分析与回归分析、综合评估分析法、数据挖掘与机器学习等。

1)描述性统计

在商务数据分析中,描述性统计是一个基础且至关重要的组成部分,它主要通过一系列数学方法和可视化工具来概括、总结和展示数据集的基本特征。描述性统计分析不涉及对数据间因果关系或相关性的推断,而是专注于数据的现状和分布情况。

2)动态数列分析

在商务数据分析中,动态数列(也称时间数列或时间序列)分析是一种专门针对时间序列数据的统计分析技术,是将同一类经济、商业或其他社会现象在不同时间点上的统计指标数值按时间顺序排列形成的数列。

3)相关分析与回归分析

在商务数据分析中,相关分析与回归分析是两种重要的统计方法,用于研究变量之间的关系。它们有助于揭示数据间的内在联系,指导决策和预测。

(1)相关分析

相关分析是一种描述性统计方法,它主要用来探讨两个或多个变量之间是否存在某种线性或非线性的关联程度及方向。其核心指标是相关系数,该值介于-1到$+1$之间。

(2)回归分析

回归分析相较相关分析更进一步,它不仅探索变量之间的关系,而且试图建立一个数学模型来表达这种关系,并通过此模型实现对因变量的预测或控制。回归分析通常分为简单回归(单个自变量)和多元回归(多个自变量)。

4)综合评估分析法

在商务数据分析中,综合评估分析法是一种全面评价和决策的方法,它结合定性与定量的数据分析手段,对多种影响因素进行系统考量,并通过设定合理的权重分配和评分标准,对多个备选方案或对象进行全面、公正的比较和排序。

5)数据挖掘与机器学习

在商务数据分析中,数据挖掘和机器学习是两个密切相关的领域,它们共同为企业提供了从大量数据中提取有价值的信息的能力,从而驱动决策、优化业务流程以及预测未来趋势。数据挖掘常用于市场细分、客户关系管理、风险管理、供应链优化等多个领域。机器学习是人工智能的一个分支,专注于研究如何让计算机系统通过经验学习来改进性能,而无须显式编程。

任务二　运用描述性统计

设想某电商平台有一款自营的明星产品——便携式蓝牙音箱。在过去一年中,平台记录了每日销售量、商品价格变化、用户评价数量以及平均评分等详细数据。近期,电商部门希望借助描述性统计方法来优化其营销策略和商品管理,并特别关注季节性和周期性销售趋势分析、价格与销量关系研究、用户反馈对销售的影响评估等几个方面。

任务描述

任务目标:

掌握描述性统计的基本原理和方法,能够从商务数据中提取关键信息。运用统计软件或编程语言(如 Excel、SPSS、Python 等)对实际的商务案例数据进行整理与分析。根据分析结果,总结并解释数据的主要特征、趋势以及不同变量之间的关系。

任务要求:

获取电商平台该产品销售及用户反馈数据集,并进行预处理。计算销售量的平均数、中位数、众数、极差、四分位数范围等基本统计指标,理解它们在反映销售情况中的含义;对商品价格变动情况进行统计描述,探讨价格分布特点及其可能的影响因素。绘制销售量的时间序列图,识别是否存在季节性和周期性规律。计算商品价格变化与销售量之间的皮尔逊相关系数或其他相关度量,评估二者间的关系强度。制作图表,实现销售数据、价格走势及评价数据的可视化展示。

任务评价:

评价数据特征描述和统计指标计算的准确性,分析数据维度的完整性,评估能否基于分析结果得出具有指导意义的商业洞察力及数据可视化等报告呈现效果。

注意事项:

在执行任务时务必遵守数据隐私和保密原则,不泄露任何敏感信息。结合实际商务背景,合理解读统计结果,避免仅凭数值判断而忽略业务实际情况。强调数据质量的重要性,在整个分析过程中持续关注数据的质量控制问题。在做相关性分析时需注意因果关系与相关关系的区别,不要简单地将相关性视为因果性。

1.描述性统计的概念

描述性统计是商务数据分析的基础工具之一。它通过计算和图形化的方式,对数据集中的基本信息进行简洁明了的总结。描述性统计不涉及推断或预测,主要关注的是"是什么"的问题,而不是"为什么"的问题。

1)基本统计量

(1)中心趋势测量

中心趋势测量包括均值(平均数)、中位数和众数,它们分别用于反映数据集中趋势的不同方面。

(2)离散程度测量

如极差(最大值与最小值之差)、方差、标准差等,用于衡量数据分布的分散程度或波动大小。

(3)位置度量

四分位数(Q1、Q2、Q3)有助于识别数据的内部结构,特别是对于异常值敏感的数据。

2)频数分布与概率分布

频数分布表和频率直方图展示了数据在各个类别或区间内的分布情况。

正态分布、偏态分布和其他概率分布的理解有助于我们更好地理解数据的形态特征。

3)时间序列分析

时间序列分析包含随时间变化的趋势、周期性和季节性成分,描述性统计可用于揭示这些特征,例如移动平均、指数平滑等方法。

4)相关性分析

相关性分析也可以用来研究两个或多个变量之间的关系,如计算皮尔逊相关系数或其他相关性指标来评估变量间线性关联的程度。

5)可视化工具

可视化工具是利用柱形图、饼图、折线图、箱线图、散点图等多种图表形式,直观地展示描述性统计结果,便于快速理解和解释数据的特性。

2.常用方法与指标

1)中心趋势度量

在描述性统计中,通常使用均值、中位数和众数等指标来反映和度量中心趋势程度。

2)数据分布形态描述

在描述性统计中,通常使用频数分布表、直方图、箱线图方法和指标来描述数据分布形态。

3)离散程度测量

在描述性统计中,通常使用极差、四分位数、方差和标准差等指标来测量离散程度。

4)变异系数(CV)

变异系数(CV)是指标准差与均值的比值乘以100%,表示相对离散程度,便于不同单位或规模的数据集之间的比较。其计算公式:$CV = \left(\dfrac{标准差}{均值}\right) \times 100\%$

5)时间序列分析

时间序列分析,通常使用移动平均法和指数平滑法等。

6)相关性分析

相关性分析通常采用相关系数(如皮尔逊相关系数)、协方差等指标来反映两个变量的相关性。

3.描述性统计的应用场景

描述性统计在商务数据分析中的典型应用场景。

1)销售业绩分析

(1)基本指标

计算销售额或销售量的总和、平均数、中位数和众数,这些数值可以帮助人们理解销售的基本水平以及是否存在异常值。例如,平均销售额可以反映整体平均水平,而中位数则更能代表"典型"销售额,不被极端值所影响。

(2)时间序列分析

通过绘制趋势图来揭示销售随时间的变化规律,如月度销售额走势。同时,利用移动平均线、季节性指数等方法探索周期性和季节性波动特征,比如节假日效应、季度性变化等。

（3）四分位数与箱线图

箱线图能够清晰地展示数据分布范围,其中四分位数(Q1, Q2, Q3)反映了不同层次的数据集中趋势,上、下四分位之差则指示了数据的离散程度,有助于识别异常点和了解销售表现的稳定性和波动性。

2）客户行为研究

（1）购买频次与消费间隔

统计客户的平均购买次数,并结合频率分布表或直方图展示购买频次的分布情况。还可以计算两次购买之间的时间间隔的均值和分布,以判断客户活跃度和消费习惯。

（2）用户生命周期价值(LTV)与留存率

通过累计购买额、留存天数等信息,计算LTV并追踪用户从注册到流失的整个过程,使用 Kaplan-Meier 生存曲线或者 Cohort 分析描绘用户留存情况,进而分析各种策略对用户长期价值的影响。

3）商品分类与库存管理

（1）商品类别销量占比

汇总各类商品的销售数量或金额,计算各品类占总体销售额的比例,用饼图或堆叠柱形图可视化呈现,以便快速定位热销品类和潜力品类。

（2）库存周转率与安全库存设定

通过对历史库存数据进行统计分析,确定库存周转率的标准操作指标,并据此优化库存管理策略。同时,根据缺货记录推算合适的最低库存阈值,以降低缺货风险和提升供应链响应速度。

4）营销活动效果评估

（1）广告投放效率

不仅计算点击率(CTR)、转化率(CVR)等核心指标的平均值,还要关注其变异系数以衡量广告效果的稳定性。还可对比不同广告组、渠道、时段的表现差异,找出最佳投放策略。

（2）促销活动ROI分析

比较促销前后的销售数据变化,计算促销投资回报率(ROI),同时结合描述性统计观察促销是否带动了新客户增长、老客户复购率提升等现象。

5）客户满意度调查分析

（1）满意度得分分布特征

制作满意度得分的直方图或核密度估计图,观察满意度得分的集中趋势和分散程度,识别出满意度高、中、低3个区间内的客户比例。

（2）开放性问题编码统计

对于开放式反馈,采用文本挖掘技术提取关键词,并对高频问题类型进行量化统计,从而发现产品或服务的主要优点与不足之处。

6)市场细分与目标定位

(1)多元统计分析

运用聚类分析或主成分分析等多元统计方法,根据客户的年龄、性别、地域、购买偏好等因素划分不同的细分市场,获取客户群体的多元特征描述。

(2)画像构建

基于统计结果创建客户群体画像,包括各个细分市场的典型特征、购买行为模式等,为精准营销和个性化推荐提供依据。

任务实施

1.数据准备与清洗

在对电商平台便携式蓝牙音箱销售及用户反馈数据进行分析之前,数据准备与清洗是至关重要的第一步。这个阶段的目的是确保数据质量高且适合进一步地统计分析和挖掘。

1)数据获取与导入

从电商平台后台数据库或相关API接口中提取过去一年的销售记录,包括每日销售量、商品价格、用户评价数量以及平均评分等关键信息。将数据导入到合适的分析工具中,如Python(Pandas库)、R语言或者SQL数据库等。

2)数据结构检查与整合

确保数据集中的日期格式统一,检查数据表的完整性。

3)缺失值处理

使用isnull()或missing()函数识别出存在缺失值的记录或字段,并根据实际情况选择合适的填充方法。如果缺失值占比小且分布无规律,可以考虑删除含有缺失值的行;若缺失数据有一定的模式可循,则可以通过插补法填充,如使用前一个有效值(向前填充)、后一个有效值(向后填充)或基于时间序列模型预测填充;对于连续变量也可以采用均值、中位数或众数填充,而对于分类变量则可用该类别其他样本的最频繁出现值填充。

4)异常值检测与处理

对于销量、价格、评价数量和评分等数值型变量,运用箱线图、Z-score标准化或IQR方法来发现潜在的异常值。分析异常值产生的原因,可能的原因包括录入错误、促销活动影响、系统故障等。合理解释并决定是否剔除异常值,或对其进行修正。

5)一致性检查与清理

确保同一产品的每日价格变动符合商业逻辑,比如排除明显的价格跳跃或重复记录。检查用户评价数量是否随时间单调递增,避免出现回滚现象。若存在重复的交易记录或用户评价,通过去重操作保证数据的一致性。

6)数据转化与编码

如果数据集中有非数值型的特征需要参与分析,如产品状态、促销标签等,可能需要将它们转化为数值型数据,例如通过独热编码或标签编码。

7)数据规范化与标准化

根据分析需求,可能需要对某些数值变量进行标准化或归一化处理,以便不同规模的指标能够公平比较。

经过以上数据准备与清洗过程,原始数据被转化为适合分析的形式,提高了数据分析结果的有效性和可靠性。2023年1月电商平台便携式蓝牙音箱相关数据见表3-1。

表3-1 2023年1月电商平台便携式蓝牙音箱相关数据统计表

序号	A	B	C	D	E
1	日期	销售量	商品价格	用户评价数量	平均评分
2	2023/1/1	52	322	4	4.9
3	2023/1/3	36	350	15	4.6
4	2023/1/5	44	301	2	4.6
5	2023/1/7	82	320	8	4.2
6	2023/1/9	22	306	14	4.3
7	2023/1/11	64	341	3	4.7
8	2023/1/13	71	260	2	4.2
9	2023/1/15	37	274	10	4.1
10	2023/1/17	79	256	12	4.4
11	2023/1/19	63	319	8	4.7
12	2023/1/21	26	341	2	4.8
13	2023/1/23	70	332	12	4.8
14	2023/1/25	79	344	17	4.7
15	2023/1/27	78	311	20	4.1
16	2023/1/29	31	320	11	4.5
17	2023/1/31	75	284	9	4.9

2.基本统计指标计算

1)销售量描述性统计

在完成数据清洗和预处理后,接下来将针对该产品数据进行基本统计指标计算。以表3-1数据为例,进行平均数、中位数、众数、极差和四分位数等销售量基本指标计算。

平均值:在Excel表格中的计算公式为"=AVERAGE(B2: B17)"。

中位数:在Excel表格中的计算公式为"=MEDIAN(B2:B17)"。

众数:在Python中,用以下代码计算众数:

```python
mode_sales_volume = df['sales_volume'].mode().values[0]
```

极差:在Excel表格中的计算公式为"=MAX(B2:B17)−MIN(B2:B17)"

四分位数:在Excel表格中计算公式为"Q1=QUARTILE(B2:B17, 1)""Q2=MEDIAN(B2: B17)"和"Q3=QUARTILE(B2:B17, 3)";在Python中,用以下代码计算四分位数:

```python
q1, q2, q3 = df['sales_volume'].quantile([0.25, 0.5, 0.75])
```

销售量基本统计指标计算值详见表3-2。

表3-2　2023年1月电商平台便携式蓝牙音箱销售量基本统计指标

1月销售量基本统计指标	数值
平均数	56.812 5
中位数	63.5
众数	79
极差	60
第一四分位数 Q1	36.75
第二四分位数 Q2	63.5
第三四分位数 Q3	75.75

2)商品价格统计描述

计算全年商品价格的平均值、中位数、最高价、最低价及标准差,通过这些统计指标描绘价格变化特点。同时,利用箱线图观察价格分布是否存在明显的偏态或离群点。商品价格

变动的基本统计指标有以下几种。

平均价格:指全年商品平均售价,在 Excel 表格中计算平均价格公式为"=AVERAGE(C2: C17)"。

最高价与最低价:可用于观察商品价格的最大波动幅度,在 Excel 表格中计算最高最低价公式为"=MAX(C2:C17)""=MIN(C2:C17)"。

标准差:在 Excel 表格中计算公式为"=STDEV.P(C2:C17)//对于包含整个总体的数据集使用 STDEV.P 函数"或"=STDEV.S(C2:C17)//如果数据只是样本而非总体,则使用 STDEV.S 函数"。

极差、方差和
标准差

价格基本统计指标计算值详见表 3-3。

表 3-3　2023 年 1 月电商平台便携式蓝牙音箱价格基本统计指标

1 月商品价格统计指标	数值
平均值	311.312 5
中位数	319.5
最高价	350
最低价	256
标准差	29.490 605 85

3)用户评价数量与平均评分

计算平均每天新增评价数量。在 Excel 表格中,"日期"列是 A 列,"新增评价数量"列是 D 列,"评分"列是 E 列,用公式"=COUNT(A2:A17)// 计算日期范围内的记录数,即天数" "=SUM(D2:D17)// 计算新增评价数量的总和""=SUM(D2:D17)/ COUNT(A2:A17)"。

全月总评价数量及平均评分的平均值、中位数等。在 Excel 表格中,

用公式"=SUM(D2:D17)//全月总评价数量"

"=AVERAGE(E2:E17)//计算评分列所有值的平均数"

"=MEDIAN(E2:E17)//计算评分列所有值的中位数"

用户评价数量与平均评分计算数据详见表 3-4。

表 3-4　2023 年 1 月电商平台便携式蓝牙音箱用户评价数量与平均评分表

1 月商品评价统计指标	数值
平均每天新增评价数量	9.312 5
1 月总评价数量	149
评分平均值	4.531 25
评分中位数	4.6

3.时间序列分析

1)绘制销售量时间序列图

绘制销售量时间序列图可以帮助我们直观地了解数据随时间的变化趋势,常用Excel或Minitab绘制时间序列图。以下是通过Excel绘制2023年该产品销售量随月度变化的折线图步骤。

（1）在Excel中绘制时间序列图

①在Excel工作表中,首先创建一个包含日期和对应数值(销售量)的数据列表。确保日期列在左侧,数值列在右侧,并且日期按升序排列。

②选择数据区域:鼠标左键点击并拖动以选中包括日期和数值在内的整个数据区域。

③插入图表:转到Excel顶部菜单栏,点击"插入"选项卡。在"图表"区域找到"折线图"图标(通常是一个折线图的小图标),点击它后会下拉出多种折线图样式,适合时间序列分析的是"二维折线图"或者"带数据标记的折线图"。单击选择所需要的折线图类型。

④自动生成图表:一旦选择了折线图类型,Excel会根据选定的数据自动生成图表,其中X轴通常是日期,Y轴则是对应的数值,如图3-1所示。

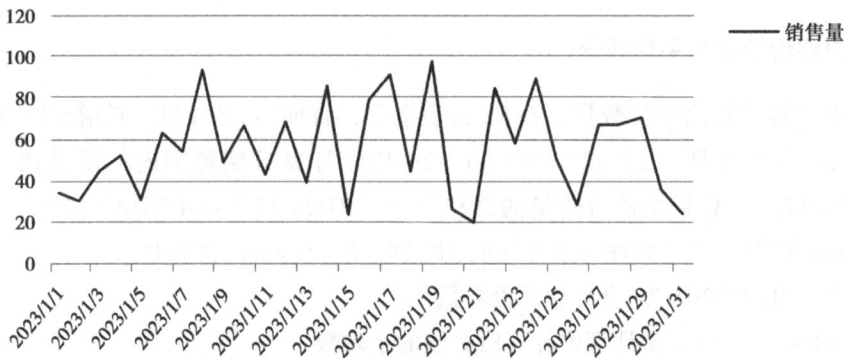

图3-1 2023年1月电商平台便携式蓝牙音箱销售量折线图

⑤调整图表布局和格式:根据需要进行图表的美化和定制,可以进行以下操作.

• 添加标题:单击图表,然后点击"图表工具"中的"设计"或"布局"选项卡,在"图表标题"部分添加主标题和副标题。

• 调整坐标轴标签:右键点击X轴或Y轴,选择"设置坐标轴格式",在此可更改轴标题、最小值、最大值、主要刻度单位等属性。

• 添加网格线:同样在"布局"选项卡中,可以启用网格线功能。

• 设置数据标签:可以选择是否显示每个数据点的具体数值。

• 调整图表大小和位置:通过拖拽图表边缘或使用"大小"选项来调整。

（2）使用编程语言（如R或Python）绘制时间序列图

在R中使用ggplot2包，首先读取数据并将其转换为时间序列对象（如ts对象），然后使用geom_line()函数绘制折线图，代码如图3-2所示。

```R
R
library(ggplot2)
df <- read.csv("sales_data.csv") # 假设已有的 CSV 文件
df$Date <- as.Date(df$Date, format="%Y-%m-%d") # 将日期转换为 R 可识别的日期格式
ggplot(df, aes(x=Date, y=Sales)) +
  geom_line() +
  labs(title="销售量时间序列图", x="日期", y="销售量")
```

图3-2　绘制时间序列图R语言示例代码

在Python中使用matplotlib或seaborn库，同样先读取数据并处理日期列，然后绘制折线图，代码如图3-3所示。

```Python
Python
import pandas as pd
import matplotlib.pyplot as plt

# 读取数据
df = pd.read_csv('sales_data.csv')
df['Date'] = pd.to_datetime(df['Date']) # 转换日期列

plt.figure(figsize=(10,6))
plt.plot(df['Date'], df['Sales'])
plt.title('销售量时间序列图')
plt.xlabel('日期')
plt.ylabel('销售量')
plt.grid(True)
plt.show()
```

图3-3　绘制时间序列图Python示例代码

2）销售波动特点分析

分析时间序列数据以识别销售趋势和循环模式，并计算季节性指数，量化不同时间段内的销售量相对基准期的变化百分比。

（1）趋势分析

使用移动平均线对销售数据进行平滑处理，从而更好地观察长期趋势。在Excel中，可以通过添加辅助列计算移动平均值，然后将该列绘制成线图叠加在原始数据上。

三项移动平均与四项移动平均

在已经创建的图表上添加趋势线来可视化数据的趋势:点击图表上的数据系列,再点击"图表工具"→"布局"或"格式"选项卡,在"分析"组中找到"趋势线"按钮。选择"更多趋势线选项",可以设置趋势线类型(例如线性、指数、对数、移动平均等),并可以选择是否显示公式和 R^2 值以评估趋势线拟合的好坏,如图3-4所示。

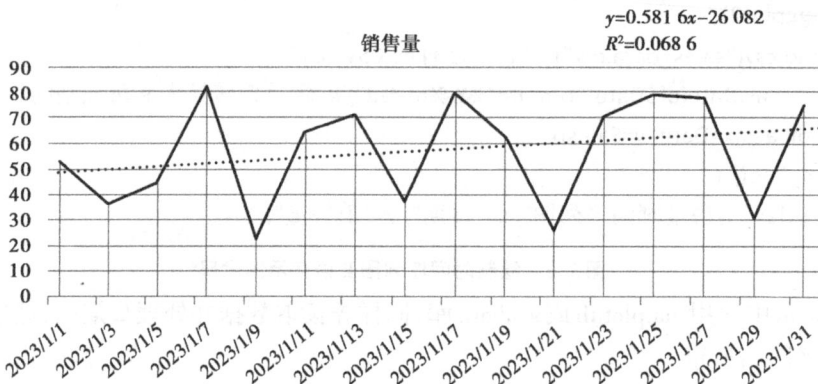

图3-4　2023年1月电商平台便携式蓝牙音箱销售量折线趋势

(2)循环模式与季节性检测

观察图表中是否有重复出现的周期性峰值和谷值,这可能是由于季节性因素引起的(如节假日购物高峰、季度性需求变化等)。应用季节性分解方法,将时间序列拆分为趋势、季节性和残差三部分,进一步明确季节性模式。

(3)季节性指数计算

季节性指数通常用来衡量不同时间段内销售量相对于全年平均水平的变化百分比。在 Python 中,可以通过 statsmodels 库的 seasonal_decompose 函数计算季节性成分后,再计算各季节性周期内的销售量与年平均销售量的比例,乘以100得到季节性指数。

用 Excel 工具计算季节性指数,可以按照收集数据、计算总平均值、计算各季节(月/季等)平均值、计算季节性指数、解释与应用季节性指数的步骤进行。

(4)解读结果

根据季节性指数的结果,分析哪些时间段销售表现最好或最差,以及它们与实际业务活动、市场环境等因素的关系。结合其他营销活动、产品生命周期阶段等因素,探讨季节性波动背后的原因及潜在影响因素。

4.相关性分析

1)商品价格与销售量关系探索

在 Excel 中计算商品价格变化与销售量之间的皮尔逊相关系数,销售量数据存储在 B 列,商品价格数据存储在 C 列,可以使用 CORREL 函数公式

动态数列分析

相关性分析

"=CORREL(B2:B17, C2:C17)",计算出相关系数 *r*=-0.205 307 525;利用 Python 计算相关系数,代码如图3-5所示。

```
Python

1    import pandas as pd
2    from scipy.stats import pearsonr
3
4    # 假设df是一个包含'price'和'sales_volume'列的时间序列DataFrame
5    price = df['price']
6    sales_volume = df['sales_volume']
7    corr, _ = pearsonr(price, sales_volume)
8    print("Pearson correlation coefficient:", corr)
```

图3-5 Python计算商品价格变化与销售量之间的皮尔逊相关系数

根据计算得到的相关系数值判断关系强度。

|r|接近0表明没有明显的线性关系;

|r|在0.1至0.3之间表示弱相关;

|r|在0.3至0.7之间表示中等程度相关;

|r|大于0.7表示强相关。

除了计算相关系数外,绘制散点图也是直观展示价格与销售量关系的有效方式,通过观察散点在坐标系中的分布形态,可以辅助理解相关性的含义。计算出相关系数后,通常还需要进行显著性检验(如 *t* 检验),以确定所得相关系数是否显著不同于零。

2)用户反馈与销售量关联性

分别研究新增评价数量与销售量、平均评分与销售量的相关性,探讨产品口碑如何影响销售表现,例如是否评价越多销量越高,或者评分上升时销量是否也有相应增长。

5.可视化展示

选择可视化工具:可使用 Excel、Google Sheets 等表格软件自带的数据可视化功能。或者使用更专业的数据可视化工具,如 Tableau、Power BI,甚至是编程语言中的可视化库,如 Python 的 matplotlib、seaborn,R 语言中的 ggplot2 或者 JavaScript 的 D3.js 等。

1)柱形图

使用 Python 的 matplotlib 绘制柱形图,代码如图3-6所示。

柱形图

```Python
1   import matplotlib.pyplot as plt
2   import pandas as pd
3
4   # 假设df是包含日期和销售量的DataFrame
5   df = pd.read_csv('sales_data.csv', parse_dates=['日期'])
6   df.set_index('日期', inplace=True)
7
8   # 按照时间索引绘制定时系列柱形图
9   df['销售量'].plot(kind='bar')
10
11  plt.xlabel('日期')
12  plt.ylabel('销售量')
13  plt.title('不同时间段销售量对比')
14  plt.xticks(rotation=45)  # 如果日期标签过长，可以旋转显示
15  plt.grid(True)  # 添加网格线以提高可读性
16
17  # 显示图形
18  plt.show()
```

图3-6 使用python的matplotlib绘制柱状图代码

在Excel中绘制柱形图步骤为：点击"插入"选项卡→选择柱形图类型(在"图表"区域找到"柱形图"图标,点击它并从下拉菜单中选择合适的柱形图样式)→生成图表(点击所选柱形图类型后,Excel将自动生成一个基于所选数据的柱形图,并将其放置在当前工作表上),如图3-7所示。

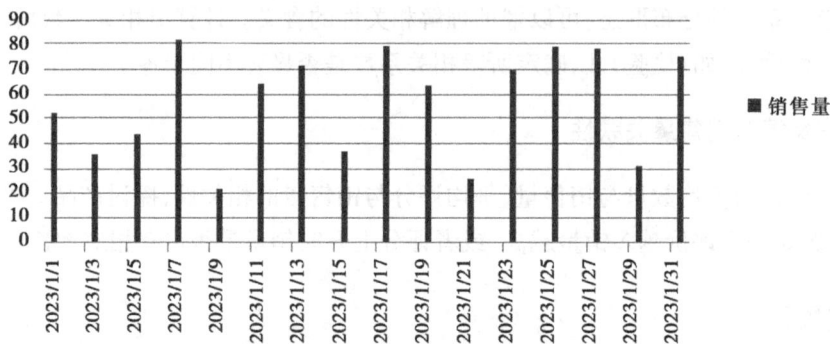

图3-7 2023年1月电商平台便携式蓝牙音箱销售量柱形图

2)折线图

展示销售量随时间变化的趋势,叠加季节性指数曲线以展现销售周期性特征。使用Python matplotlib绘制折线图并叠加季节性指数曲线,代码如图3-8所示。

```
Python

1    import matplotlib.pyplot as plt
2    import pandas as pd
3
4    # 假设df是包含日期、销售量和季节性指数的DataFrame
5    df = pd.read_csv('sales_data.csv', parse_dates=['日期'])
6    df.set_index('日期', inplace=True)
7
8    # 绘制销售量随时间变化趋势的折线图
9    plt.plot(df.index, df['销售量'], label='销售量')
10
11   # 绘制季节性指数曲线，假设df中'季节性指数'列代表此数据
12   plt.plot(df.index, df['季节性指数'], label='季节性指数', linestyle='--') # 使用虚线表示季节性曲线
13
14   plt.xlabel('日期')
15   plt.ylabel('单位：数量/季节性指数')
16   plt.title('销售量随时间变化趋势及季节性特征')
17   plt.legend()  # 显示图例
18   plt.xticks(rotation=45)  # 如果日期标签过长，可以旋转显示
19
20   # 显示图形
21   plt.show()
```

图3-8　使用Python matplotlib绘制折线图并叠加季节性指数曲线

3）散点图

散点图的横坐标为商品价格、纵坐标为销售量，直观呈现价格与销量之间的关系。可以使用类似matplotlib这样的数据可视化库。绘制散点图的Python代码，如图3-9所示。

```
Python

1    import matplotlib.pyplot as plt
2    import pandas as pd
3
4    # 假设有一个DataFrame df，其中包含'price'和'sales'两列数据
5    df = pd.DataFrame({
6        '商品价格': [10, 20, 30, 40, 50, 60, 70, 80, 90, 100],
7        '销售量': [500, 450, 400, 350, 300, 250, 200, 150, 100, 50]
8    })
9
10   # 绘制散点图
11   plt.scatter(df['商品价格'], df['销售量'], label='价格与销量关系')
12
13   plt.xlabel('商品价格')
14   plt.ylabel('销售量')
15   plt.title('商品价格与销售量关系散点图')
16
17   plt.grid(True)  # 添加网格线以提高可读性
18   plt.legend()  # 显示图例
19
20   # 显示图形
21   plt.show()
```

图3-9　绘制散点图的Python代码

在Excel中绘制商品价格与销量的散点图，如图3-10所示。

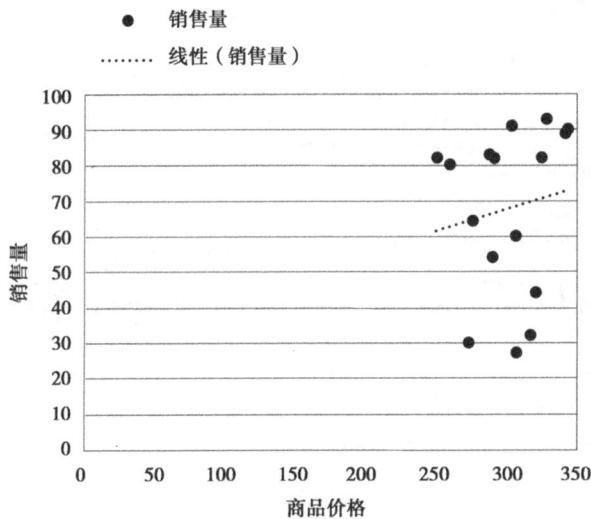

图3-10 使用excel绘制散点图示意图

4)箱线图

制作箱线图来显示商品价格的分布情况,以及直方图展示评价数量和平均评分的分布特性,可以使用Minitab或类似的数据分析工具(如Python中的matplotlib、seaborn库等)。以下是分别在Minitab和Python中进行操作的大致步骤。

(1)在Minitab 17中制作箱线图显示商品价格分布情况

打开Minitab并加载包含商品价格数据的工作表。点击菜单栏上的"图形"选项。在下拉菜单中选择"箱线图"。在随后弹出的窗口中,选择"简单"箱线图类型,将商品价格变量从左侧列表拖拽至右侧的"图形变量"框内,确认其他设置无误后点击"确定"。

(2)在Minitab中创建直方图展示评价数量和平均评分的分布特性

对于每个变量(评价数量和平均评分)重复以下步骤:

点击"图形"菜单,然后选择"直方图"。在"直方图"子菜单中指定相应的变量,并配置合适的区间大小。对于评价数量和平均评分分别绘制直方图。

(3)使用Python制作箱线图和直方图

例如使用Python的matplotlib和seaborn库制作箱线图和直方图,代码如图3-11所示。

可根据实际数据调整上述代码中的变量名、数据范围及分组间隔(bins)大小。

Python

```python
1    import matplotlib.pyplot as plt
2    import seaborn as sns
3    import pandas as pd
4
5    # 假设df是一个DataFrame，其中包含'price', 'review_count', 和 'average_rating'列
6    df = pd.DataFrame({
7        '商品价格': [10, 20, 30, ..., ],
8        '评价数量': [50, 75, 100, ..., ],
9        '平均评分': [4.5, 4.2, 4.8, ..., ]
10   })
11
12   # 制作箱线图
13   plt.figure(figsize=(10, 5))
14   sns.boxplot(x=df['商品价格'])
15   plt.xlabel('商品价格')
16   plt.ylabel('分布情况')
17   plt.title('商品价格分布箱线图')
18   plt.show()
19
20   # 制作评价数量直方图
21   plt.figure(figsize=(10, 5))
22   plt.hist(df['评价数量'], bins=range(0, df['评价数量'].max()+10, 10), edgecolor='black')
23   plt.xlabel('评价数量')
24   plt.ylabel('频数')
25   plt.title('评价数量分布直方图')
26   plt.grid(True)
27   plt.show()
28
29   # 制作平均评分直方图
30   plt.figure(figsize=(10, 5))
31   plt.hist(df['平均评分'], bins=range(0, 6, 0.5), edgecolor='black')
32   plt.xlabel('平均评分')
33   plt.ylabel('频数')
34   plt.title('平均评分分布直方图')
35   plt.grid(True)
36   plt.show()
```

图3-11　Python matplotlib 和 seaborn 库绘制制作箱线图和直方图代码

5)可视化相关系数矩阵

可视化相关系数矩阵能将商品价格、评价数量、平均评分与销售量之间的相关性一目了然地呈现出来，可使用多种数据分析和可视化工具来实现。在 Python 中可以利用 seaborn 库的 heatmap 功能绘制热力图，代码如图3-12所示。

Python

```python
1    import pandas as pd
2    import seaborn as sns
3    import numpy as np
4    import matplotlib.pyplot as plt
5
6    # 假设df是一个DataFrame，其中包含商品价格、评价数量、平均评分以及销售量数据
7    df = pd.DataFrame({
8        '商品价格': [...],
9        '评价数量': [...],
10       '平均评分': [...],
11       '销售量': [...]
12   })
13
14   # 计算相关系数矩阵
15   corr_matrix = df.corr()
16
17   # 绘制热力图
18   plt.figure(figsize=(10, 8))
19   sns.heatmap(corr_matrix, annot=True, cmap='coolwarm', linewidths=.5)
20   plt.title('商品特征与销售量的相关性矩阵')
21   plt.xticks(rotation=45)    # 可以旋转标签以便更好地阅读
22   plt.yticks(rotation=0)
23   plt.show()
```

图 3-12　python seaborn 库的 heatmap 绘制热力图代码示意图

在图 3-12 中,df.corr()函数会计算 DataFrame 中所有列之间的皮尔逊相关系数,并返回一个相关系数矩阵。然后,seaborn 的 heatmap 函数将这个矩阵转换成一个颜色编码的图像,其中暖色(如红色)表示正相关,冷色(如蓝色)表示负相关,颜色的深浅代表相关性的强度。"annot=True"会让热力图上显示具体的数值。

请根据实际数据替换上述代码中的"…"部分。通过这样的可视化,可以直观地看到商品价格、评价数量、平均评分与销售量之间的关联程度。

任务三　运用动态数列分析

案例导入

假设你正在为电商公司 A 公司提供数据分析支持。该公司 2019 至 2023 年的年度销售额数据分别为 500 万、750 万、1 000 万、1 300 万和 1 600 万。管理层希望通过对这些数据进行动态数列分析,来预测未来几年的销售额趋势,并基于此制订相应的市场战略和库存计划。

任务描述

任务目标:

学习并掌握动态数列的基本概念和分析方法;应用动态数列分析技术对实际商务数据(如销售额、用户量等)进行趋势预测;根据数列特性选择合适的模型,并利用该模型对未来数据进行定量预测;结合理论知识与实践操作,理解并评估预测结果对商业决策的影响。

任务要求:

在进行数据收集与预处理的基础上,掌握数列类型识别与特征提取,利用 Excel 或其他数据分析工具绘制时间序列图并进行趋势分析,根据数列特点选择并应用适当的预测模型,进行销售预测与结果解释,给出合理的决策建议与风险评估方案。

任务评价:

评价数据分析过程的逻辑性和完整性、选择与应用预测模型的恰当性与有效性,分析报告撰写与展示的质效。

注意事项:

在分析过程中注重理论与实践相结合,避免单纯套用公式而忽视对现实问题的理解。在构建预测模型时要考虑数据的实际情况,包括是否存在趋势、周期性和季节性等因素。在进行预测时要充分考虑外部环境和内部条件的变化。在解读预测结果时应保持谨慎态度,充分认识到预测的局限性,并做好应对各种可能情景的预案。

知识准备

1.动态数列分析的方法

动态数列分析是商务数据分析中的重要组成部分,主要用于研究数据随时间变化的趋势和规律。

1)时间序列分解

(1)趋势成分

在商务数据中,趋势通常代表一个指标随时间的长期上升或下降态势。

(2)季节性成分

季节性成分指的是数据在固定周期内重复出现的规律性波动,如零售业中的季节性销售变化,每年特定季度或节日时销售额明显上升。识别和分离出季节性成分可以帮助人们预测未来对应时间段内的业绩。

(3)周期成分

不同于短期的季节性,周期成分是指长期且不规则的循环变动,如经济周期对市场需求的影响。

(4)随机波动

随机波动是除去上述规律性因素后剩余的、无法用已知模式解释的短期波动,它可能是偶然事件或未被考虑的其他因素导致的。

2)平滑技术

(1)简单移动平均法(SMA)

通过计算过去一段时间窗口内的数值平均值来减少短期波动,强调长期趋势。

(2)加权移动平均法(WMA)

与SMA类似,但赋予不同时间段的数据不同的权重,越接近当前期的数据权重越大,使得模型对近期趋势反应更灵敏。

(3)指数平滑法(ES)

一种特殊的加权平均方法,利用递减权重给新旧数据分配重要性,即越新的数据影响力越大。

3)时间序列模型

(1)自回归模型(AR)

建立当前观测值与过去若干时期观测值之间的线性关系。

(2)滑动平均模型(MA)

基于过去几个时期误差(实际观测值与预测值之差)的线性组合进行预测。

（3）自回归滑动平均模型(ARMA)

结合 AR 和 MA 的优点,同时考虑历史观测值和过去的误差项对当前预测的影响。

（4）自回归积分滑动平均模型(ARIMA)

针对非平稳时间序列(包含趋势或季节性),首先通过对原序列进行差分使其变得平稳,然后应用 ARMA 模型。ARIMA 模型特别适用于那些具有明确趋势和/或季节性的商务数据。

4)高级分析工具

包括状态空间模型和卡尔曼滤波器、长短期记忆网络(LSTM)和循环神经网络(RNNs)等。

2.动态数列分析的应用场景

1)销售预测

在电商行业,通过对 A 公司过去 5 年每月的销售额数据进行动态数列分析,可以发现其季节性、周期性和趋势特征。例如,每年的第四季度由于包含"双十一"和"双十二"购物节,销售额会出现显著增长;而在一季度末与二季度初可能会出现暂时性的下滑。通过时间序列预测方法,可准确预测未来几个月甚至几年的销售量,从而帮助企业提前做好库存采购、物流配送、促销策略等规划。

2)市场需求分析

假设某新能源汽车制造商关注不同车型的需求变化情况,可以通过研究历年各款车型的销量动态数列,识别市场容量的增长趋势以及消费者偏好变迁。例如,可能发现随着电池技术的进步和政策支持,电动汽车的市场需求逐年上升,且存在一定的季节性波动,如节假日购车潮。据此,企业可调整生产计划、研发方向和营销策略,以适应不断变化的市场需求。

3)用户增长与留存率分析

针对互联网产品,可以从 DAU(日活跃用户数)、MAU(月活跃用户数)、新增用户数、用户流失率等关键指标构建动态数列模型,深入理解用户增长速度及其影响因素,预测未来的用户规模及活跃度。同时,通过分析用户生命周期内不同阶段的行为数据,为优化产品功能、提升用户体验和设计合理的用户激励政策提供依据。

4)供应链管理

对于一家电子产品制造商而言,根据历史原料价格动态数列分析,可以预测铜、铁、塑料等原材料的价格走势,以便及时调整采购策略,降低生产成本。同时,通过对成品库存数量的时间序列分析,确定最佳的安全库存水平和补货时机,避免因缺货导致的订单延误或因库存积压带来的资金占用问题。

5)财务数据分析

在零售企业的财务管理中,运用动态数列分析来研究净利润、现金流、应收账款周转天数等核心财务指标,可以洞察公司盈利能力和经营状况的趋势变化。

6)投资决策支持

在金融投资领域,投资者利用动态数列分析技术对股票价格、汇率、黄金价格等资产价格的历史数据进行深入挖掘,识别出长期趋势、短期波动和周期性模式。通过构建GARCH模型预测市场波动性,或者采用ARIMA模型预测未来价格走向,辅助投资者做出买入、卖出或持有等投资决策,有效控制风险并优化投资组合收益。

7)市场营销活动效果评估

当"优品商城"举办了一场大型促销活动后,可以通过对比活动前后的网站访问量、注册用户数、转化率、客单价等业务指标的动态数列,分析活动对各项指标的具体影响程度以及持续时间。

任务实施

1.数据收集与预处理

数据已采集,涵盖了A公司2019至2023年的年度销售额数据。为确保数据完整性与准确性,需要进行数据整理,并计算出2020至2023年的年增长率分别为50%、33.3%、30%和23.1%。

2.数列类型识别与特征提取

通过计算各期增长率可知,该数列并非等差或等比增长,而是呈现逐年递增但增速逐渐放缓的非线性增长趋势。可以绘制折线图展示历年销售额及增长率变化,进一步确认数列特征。

3.趋势分析与模型建立

在Excel或其他数据分析软件中,可以绘制时间序列图,观察到明显的上升趋势,但每年的增长率并不固定,没有明显的季节性波动。根据数据特点和增长模式,可以选择ARIMA模型进行预测,因为ARIMA模型能够捕捉非平稳时间序列的趋势、季节性和随机波动。

1)在Excel中绘制时间序列图

选中相关数据列,插入图表,绘制"折线图"或"XY散点图",折线图通常是最佳选择。在下拉菜单中,可以选择2D折线图或3D折线图(如果需要三维效果),一般会选用二维折线图来显示数据随时间的趋势变化。确保Excel已经将第一列识别为X轴上的时间序列(若没有,请右键点击X轴并选择"设置坐标轴格式",在"类别"或"系列选项"中指定该列为日期或时间序列)。可以通过调整图表标题、轴标签、数据标签等元素以增强图表可读性。

对于时间序列分析,还需要添加趋势线、移动平均线或其他统计分析工具来辅助解读数据。

2)在Minitab中绘制时间序列图

(1)导入数据

将含有时间变量和观测值的数据导入Minitab工作表中。

(2)创建时间序列图

在Minitab菜单栏中选择"图形(Graph)"选项→在下拉菜单中找到并点击"Time Series Plot"(时间序列图)→根据需要选择相应的子类型→在弹出的对话框中指定时间变量和响应变量并进行其他相关设置→点击"OK"按钮生成时间序列图。

在Minitab中,还可以进一步对时间序列进行统计分析和预测模型构建等操作。

3)选择ARIMA模型进行预测

选择ARIMA模型进行预测时,通常遵循以下步骤。

(1)数据预处理

使用ADF单位根检验等方法来检查确定时间序列是否平稳(即均值和方差随时间不显著变化)。如果不是平稳的,就需要对数据进行差分操作以消除趋势和季节性影响。

(2)参数识别

确定ARIMA模型的阶数(p, d, q),其中p是自回归项的数量;d是差分次数(使数据变得平稳所需的差分阶数);q是移动平均项的数量。

通过绘制ACF(自相关函数)和PACF(偏自相关函数)图来初步估计p和q的可能取值。

(3)模型拟合

根据识别出的参数建立ARIMA(p, d, q)模型,并用历史数据对其进行训练或拟合。可以使用统计软件如R、Python中的statsmodels库或者Excel插件等工具执行此步骤。

(4)模型评估

检验模型残差是否服从白噪声过程,确保模型已经捕获了数据的主要特征。使用AIC(Akaike信息准则)、BIC(贝叶斯信息准则)或其他统计量来比较不同模型的好坏,选择最优模型。

(5)预测阶段

利用选定的最优ARIMA模型对未来的时间点进行预测。需要计算模型的预测区间,以便了解预测结果的不确定性。

(6)验证与调整

将预测结果与实际新出现的数据进行对比,验证模型的有效性。如果预测效果不佳,可以重新考虑模型结构或引入其他变量,进一步优化模型。

4.销售预测与结果解释

假设已运用 ARIMA 模型进行拟合,并对未来几年(例如 2024 年和 2025 年)做了预测,得出预测值分别为 1 900 万和 2 200 万(此处仅为示例,实际预测需基于模型训练结果)。

预测结果背后的原因可能包括但不限于市场扩张、品牌影响力增强、产品竞争力提升等因素,同时也可能受到宏观经济环境、行业竞争态势以及公司战略调整的影响。

置信区间则反映了预测不确定性,它为管理层提供了未来销售额可能落在的一个区间范围。

5.决策建议与风险评估

1)基于预测结果的决策建议与风险评估

基于预测结果,建议 A 公司在库存管理上根据预测需求量适当增加储备,防止由于销售增长导致的库存不足问题,同时注意避免过度备货带来的资金占用风险。在市场推广策略方面,可以考虑加大投入力度以维持并加速销售额增长,尤其是在预测高增长阶段提前布局。

风险评估方面,考虑到预测误差的存在,应设立预警机制,实时监控实际销售数据并与预测数据对比,及时调整经营策略。

2)具体操作步骤

（1）训练模型

使用历史数据(2019 至 2023 年的年度销售额)来训练 ARIMA 模型。在 Python 中,可以使用 statsmodels 库的 ARIMA 类进行建模,如图 3-13 所示。

```Python
1   import pandas as pd
2   from statsmodels.tsa.arima.model import ARIMA
3
4   # 假设 sales_data 是包含历年销售额的时间序列数据
5   model = ARIMA(sales_data, order=(p, d, q))
6   results = model.fit()
```

图 3-13　使用 ARIMA 建模 python 代码

（2）模型诊断与优化

检查模型残差是否为白噪声,通常通过绘制残差图并计算其统计特性(如均值、方差、ACF/PACF 图)来验证。如果模型不够理想,可尝试调整参数或采用其他时间序列模型重新拟合。

（3）未来销售预测

利用训练好的 ARIMA 模型对未来几年(比如 2024 年和 2025 年)的销售额进行预测,并获取预测结果及其置信区间,如图 3-14 所示。

```Python
1    forecast, stderr, conf_int = results.get_forecast(steps=2)
2    predicted_sales = forecast.predicted_mean.tolist()
3    upper_bound, lower_bound = conf_int.tolist()
```

图3-14 使用ARIMA模型获得的预测结果及置信区间python代码

（4）结果解释

预测结果：如果预测结果显示2024年和2025年的销售额分别为X万元和Y万元，这意味着在当前模型假设下，企业预计在这两年会实现这样的销售业绩。

置信区间：预测结果的上界和下界反映了预测的不确定性。比如，对于2024年的预测，上界是Z万元，下界是W万元，说明实际销售额落在这个区间的概率较大（通常是95%或更高）。

影响因素分析：解释预测结果背后的可能原因，如市场趋势、竞争状况、消费者购买力变化、公司战略等因素对销售额增长的影响。

（5）决策建议

库存管理：基于预测的销售趋势，合理安排库存采购计划，确保在需求高峰期有足够库存，同时避免过度库存导致的资金占用成本。

市场推广策略：若预测到未来销售将大幅增长，可考虑增加广告投放、举办促销活动以吸引新客户，进一步提升市场份额；反之，如果预测销售下降，则需审视现有营销策略，寻找新的增长点或降低成本。

风险管理：考虑到预测误差的存在，企业应建立风险预警机制，定期监测实际销售数据并与预测数据对比，以便及时调整经营策略。此外，还可以引入更多变量以提高模型准确性，或者采用多种模型进行组合预测，降低单一模型预测的风险。

任务四　运用相关分析与回归分析

案例导入

假设你是一家大型电商公司的数据分析师,公司正在评估 2019 至 2023 年广告投放费用(以万元为单位)与其带来的年度销售额增长之间的关系。历史数据显示,公司在过去的五年里不断加大了在各大社交媒体、搜索引擎以及视频平台上的广告投入,而同时期的销售额也有显著增长。现在,公司决策层希望了解广告投入是否对销售额有直接影响,并希望通过建立模型预测未来一年内,在不同广告预算下可能实现的销售额。

任务描述

任务目标:

掌握如何通过相关分析和回归分析方法探索商务数据中变量间的相互关系,识别影响某一关键业务指标(如销售额、客户满意度等)的重要因素,并基于此构建预测模型,以支持企业做出有效的决策。学会在实际商务场景中应用相关系数、线性回归等统计工具,理解并评估模型的适用性和预测效果。

任务要求:

在数据收集与预处理的基础上,开展相关性分析和回归分析,并进行模型优化与改进,给出决策建议,撰写分析报告。

任务评价:

完成项目后,将依据其对相关分析和回归分析理论知识的理解程度、数据分析流程的完整性、模型构建与解释的能力、预测准确度以及决策建议的合理性等方面进行综合评价。评价标准包括但不限于数据预处理的正确性、相关性分析的准确性、回归模型的合理性与有效性、预测结果的可靠性以及书面报告的质量。

注意事项:

在进行数据分析时,务必注意数据质量和样本代表性的考量,避免因为数据问题导致分析结论偏差;理解相关性并不等于因果关系,在解释模型结果时需谨慎对待,避免过度解读。在构建模型时要考虑模型假设是否满足实际数据情况,如果存在违背假设的情况,应采取相应的修正措施。在使用模型进行预测时,要注意模型外推的风险,尤其是当面对未来环境变化较大的情况。

知识准备

1.相关分析

1)相关系数

相关系数是衡量两个变量间线性关系强度和方向的统计量。最常用的为皮尔逊相关系数,其计算公式为:$r = \Sigma[(xi - \dot{x})(yi - \dot{y})]/\text{sqrt}[\Sigma(xi - \dot{x})^2 * \Sigma(yi - \dot{y})^2]$,取值范围为$-1 \sim 1$。

相关系数适用于连续型、数值型变量间的线性关系评估,并且要求数据分布大致呈正态分布,且两个变量间的误差项相互独立且具有等方差特性。

2)相关分析的应用

在商务场景中,可以利用相关分析研究多种变量之间的关系,例如:广告投入与销售额增长之间的关系;产品价格变动与销量变化的关系;市场推广活动频率与品牌知名度提升的关联;客户满意度与客户忠诚度之间的联系;营销预算分配与市场占有率的关系等。

在进行相关分析时,需确保数据质量高,处理好缺失值和异常值问题,以避免对结果产生误导。相关系数仅能描述变量间的线性关系,并不能说明因果关系。如果想要探究因果效应,应进一步采用回归分析或其他更高级的方法。对于大样本数据集,即使相关系数很小也可能在统计上显著,因此解读相关系数时需要结合实际业务背景和意义,而不仅仅是依赖统计显著性测试的结果。

2.回归分析

线性回归是最基础的回归模型类型,旨在建立因变量与一个或多个自变量之间的线性关系。例如,通过建立广告投入(自变量)与销售额增长(因变量)之间的线性回归模型,探究广告投入如何影响销售额。根据自变量是一个或多个,线性回归可分为一元线性回归和多元线性回归。

回归系数:回归系数(如β_1,β_2等)表示每个自变量对因变量的平均影响量。正的回归系数意味着增加该自变量会增加因变量的值,负的则相反。

显著性检验:通过计算t统计量和对应的p值,可以判断各回归系数是否显著不为零,即自变量是否对因变量有显著影响。通常采用0.05作为显著性水平,若p值小于0.05,则认为该自变量与因变量的关系在统计上显著。

拟合优度:R^2(决定系数)衡量的是模型解释数据变异性的能力,取值为$0 \sim 1$。R^2越接近1,说明模型对数据的拟合效果越好,因变量的变化能够被自变量解释的部分越多。

残差分析:残差是指实际观测值与模型预测值之间的差异。通过检查残差图(如残差与拟合值图、残差正态分布图等)来评估模型假设是否合理,如是否存在异方差性、自相关性等问题。

在多元回归分析中,如果两个或多个自变量高度相关,就可能出现多重共线性问题。这会导致模型估计不准确、回归系数的标准误增大、显著性检验不可靠等问题。常用的诊断方法有VIF(方差膨胀因子)检验和条件指数检验。

利用训练好的回归模型对未来情况进行预测,例如预测销售额、市场增长、客户流失等,并基于预测结果制订相应的商务策略。需要注意,模型预测具有一定的不确定性,因此通常会给出预测区间,以便决策者了解预测结果的可靠性。

例如,在电商行业,可以通过回归分析研究广告投入与销售额之间的关系,从而为广告预算分配提供依据。或者通过分析产品价格、产品质量等因素与客户满意度之间的关系,以优化定价策略和提升服务质量。

3.相关分析与回归分析的关系

1)两者的联系

相关分析是回归分析的基础步骤之一。在进行回归建模之前,通常先利用相关分析初步筛选出与因变量具有显著线性关系的自变量。如果两个变量的相关系数较高且显著,则可能说明它们之间存在一定的线性依赖性,这为后续的回归分析提供了理论依据。例如,在商务场景中,若发现广告投入与销售额增长之间存在显著正相关,那么可以进一步运用回归分析构建模型,以确定具体的函数关系,即每增加一定量的广告投入,预计销售额将增长多少。

2)两者之间的区别与应用差异

(1)功能差异

相关分析仅能告诉人们变量间是否存在某种形式的关联,而无法揭示具体的关系结构;回归分析则能够详细描绘出因变量如何随着自变量变化而变化的规律,进而实现预测和控制功能。

(2)因果关系判断

虽然相关性并不意味着因果关系,但在回归分析中,可以通过引入其他统计方法(如工具变量法、实验设计等)和逻辑推理,探讨自变量与因变量之间的潜在因果联系。

(3)复杂关系处理

当数据集包含非线性关系或交互效应时,相关分析可能不足以揭示所有重要的模式,而回归分析可以采用多项式回归、交互项回归等多种形式来适应这些复杂情况。

4.相关分析与回归分析的应用场景

在商务数据分析领域,相关分析主要用于发现并量化变量间的关系强度,而回归分析则在此基础上进一步构建模型进行预测和决策支持。

1)相关分析的应用场景

(1)市场营销策略制订

电商平台为评估广告投放对销售额的影响,通过相关分析计算广告费用与销售额之间的皮尔逊相关系数或斯皮尔曼等级相关系数,以确定广告投入与销售额之间是否存在显著的正相关关系。如果两者存在较强的相关性,说明增加广告投入可能会带来销售额的增长。

(2)消费者行为研究与客户细分

信用卡公司为通过客户消费行为数据来理解不同因素如何影响客户的信用评分,运用相关分析探究客户的年龄、收入水平、消费习惯等因素与信用评分之间的关联程度,识别出哪些变量对信用评分影响较大,从而帮助公司精准划分客户群体,制定更有效的信用政策和营销策略。

(3)人力资源绩效考核与激励机制设计

企业想了解员工的工作满意度与其工作表现之间的联系,应用相关分析考察员工满意度调查的各项指标与工作表现的相关性,以便优化激励机制,提高员工积极性和整体组织效能。

2)回归分析的应用场景

(1)销售预测与库存管理

电子产品零售商需要提前规划下一季度的采购和库存量,使用多元线性回归模型将销售量作为因变量,而价格、季节、促销力度等作为自变量进行建模,预测未来销售趋势,并据此调整库存管理和采购策略,避免过度库存或缺货风险。

(2)产品定价与市场需求分析

汽车制造商希望根据车辆的不同配置(如动力系统、内饰材质、安全功能等)和目标消费者的购买力等因素,合理制定新车型的售价。利用多元回归模型构建需求预测模型,将车辆配置、市场价格、竞争状况等因素与潜在销量建立联系,从而实现科学的产品定价。

回归分析

(3)市场营销效果评估与预算分配

化妆品品牌正在评估各类营销渠道(如社交媒体广告、电视广告、线下活动等)的投资回报率,以决定未来的预算分配方案。采用多元逻辑回归或其他非线性回归方法,将各类营销活动的成本作为自变量,销售额增长或者新用户获取数作为因变量,量化各渠道对最终销售结果的影响,为后续的营销策略提供数据支持。

任务实施

1. 数据收集与预处理

1) 数据收集

从公司内部数据库或营销部门获取2019—2023年各年度的广告投放详细数据,包括在各大社交媒体、搜索引擎和视频平台的具体费用,以及对应的年度销售额增长数据。

2) 数据预处理

经过清理缺失值、异常值识别与处理和数据转换等预处理后,获取的公司数据见表3-5。

表3-5 2019—2023年各年度的广告投放详细数据示例表

项目	2019年	2020年	2021年	2022年	2023年
广告投放费用数据/万元	32.39	41.32	46.15	52.35	57.52
年度销售额数据/万元	197.23	219.01	278.16	312.22	330.12
广告投放费用增长率数据		0.28	0.12	0.13	0.10
年度销售额增长率数据		0.11	0.27	0.12	0.06

2. 相关性分析

在本案例中,相关性分析是探究广告投放费用与年度销售额增长之间是否存在某种统计学上的关联性的第一步。具体实施步骤如下所述。

1) 数据配对

确保每个年度的广告投放费用数据与相应的年度销售额增长数据准确对应,形成配对的数据集。

2) 计算相关系数

利用Excel中的CORREL函数,计算r系数=0.973 153 885,可见两者呈显著正相关。

3) 绘制散点图

用Excel表格工具,制作广告投放费用与年度销售额增长率的散点图,如图3-15所示。

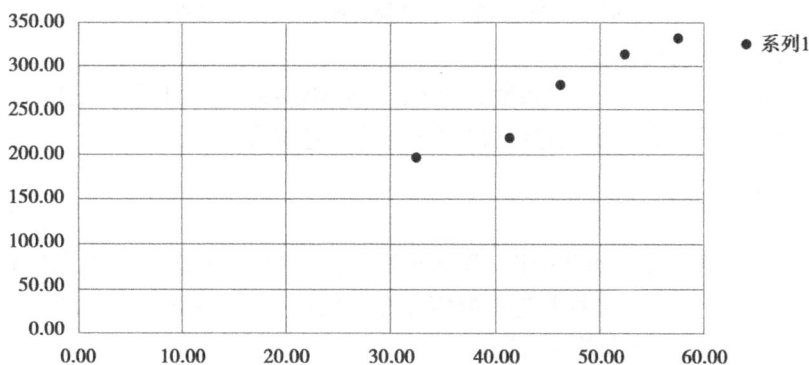

图3-15 电商平台2019年—2023年广告投放与销售额增长散点图

4)分渠道相关性分析

对于不同类型的广告渠道,分别进行相关性分析,了解各渠道广告费用与整体销售额增长的相关程度是否有所不同,这可以帮助公司识别哪些广告渠道的投资效果更好。

5)解释结果

基于计算出的相关系数和散点图分析,得出以下结论:哪些广告渠道的费用与销售额增长有较强的正相关性;是否存在某些广告渠道虽然投入较大,但与销售额增长的相关性较弱的情况;是否存在异常点或特殊现象,如某个年份的广告费用大幅增加后销售额并未明显提升,需要进一步探讨原因。

3.开展回归分析

回归分析是本案例中定量探究广告费用与销售额增长之间关系的关键步骤。以下是具体实施过程。

1)模型建立

设定年度销售额增长率(Y)作为因变量,而各类广告渠道的投入费用(社交媒体广告费 X_1、搜索引擎广告费 X_2、视频平台广告费 X_3 等)作为自变量。模型可以表达为:

$Y = \beta_0 + \beta_1 X_1 + \beta_2 X_2 + \beta_3 X_3 + \varepsilon$。其中,$\beta_0$ 是截距项,β_1、β_2、β_3 分别代表各广告费用对销售额增长的影响系数,ε 是随机误差项。

2)模型估计

采用最小二乘法来估计模型参数,通过使残差平方和最小化来确定最佳拟合直线或平面。

3)模型评估与解释

统计显著性检验:对整个模型进行 F 检验,以确认所有自变量联合起来是否对因变量有显著影响。对每个自变量的回归系数进行 t 检验,判断其各自在统计学上是否显著,即它们是否独立影响销售额的增长。

决定系数 R^2:计算并解释决定系数,它衡量了模型解释变量变化程度的能力。高 R^2 值表示模型较好地捕捉了数据的变化趋势,但要注意防止过拟合。

4)假设检验与诊断

残差分析:检查残差图(如 Q-Q 图、散点图等)以验证正态性、同方差性和独立性假设。

异方差性检测:如果发现残差与预测值存在非线性关系或者残差的标准差随预测值的大小变化,可能需要处理异方差性问题。

多重共线性诊断:通过相关系数矩阵、条件指数以及 VIF 值(方差膨胀因子)来检测是否存在多重共线性,若存在则考虑减少变量或使用岭回归、主成分回归等方法。

5)模型改进与优化

逐步回归:根据 AIC、BIC 准则或显著性水平,运用逐步回归法选择最优变量组合。

变量变换:对于非线性关系,可尝试对自变量进行适当的转换,如取对数、平方根等函数形式以改善模型的线性关系。

6)预测应用

利用训练好的回归模型对未来一年不同广告预算下的销售额增长率进行预测,并结合实际情况设置合理的置信区间。根据模型预测结果,对比不同预算分配方案下预期销售额增长的差异,从而为决策层提供数据支持,指导未来广告投放策略的制订。

4.模型优化与改进

若模型诊断结果显示存在异方差性、自相关性或多重共线性问题,应用加权最小二乘法或广义最小二乘法来解决异方差性问题,尝试引入自回归项(ARIMA 模型)或使用滞后变量来解决自相关性问题,通过变量选择或者主成分回归来减少冗余信息解决多重共线性问题。

5.决策建议与报告撰写

首先,根据回归分析结果,解读每个广告渠道费用每增加一单位时对销售额增长的预期影响。其次,使用优化后的模型对未来一年内,在不同广告预算下的销售额增长情况进行预测,并给出预测区间,考虑到模型误差及市场不确定性。然后,基于模型预测结果,提出有针对性的广告预算分配策略建议。最后,编写详细的分析报告,包括数据来源、数据处理步骤、相关性分析结果、回归模型构建与验证过程、模型预测结果和业务含义,以及最终的决策建议。

任务五　运用综合评估分析法

　　某电商公司为了提升整体运营效率和盈利能力,公司管理层计划运用综合评估分析法,对过去一年内的各项业务数据进行综合评估分析,以决定下一财年重点投资和发展方向。这些数据包括但不限于各商品类别的销售额、毛利润、用户购买频次、用户满意度评分、市场推广投入产出比等多维度指标。

任务目标:

　　模拟电商公司数据分析师的角色,基于提供的商务数据,运用综合评估分析法对不同商品类别的业务表现进行全面评价,并为公司决策层提供明确的发展建议。

任务要求:

　　收集并整理相关商务数据,确保数据准确无误且全面反映各类别商品的运营状况。设计一套合理的综合评估模型,确定各项指标在模型中的权重分配。应用所设计的评估模型进行数据分析,计算各商品类别的综合得分,并依据得分排名来比较各个类别的优劣。结合数据分析结果撰写评估报告,报告中应包含数据分析过程、关键发现、结论及发展策略建议等内容。

任务评价:

　　评价权重设定是否合理,分析模型构建是否有效,分析使用综合评估分析法的具体操作步骤和结果的准确性,了解技术应用水平;鼓励学生在分析过程中引入创新性思考并评估相关情况。

注意事项:

　　确保数据来源可靠,数据解释正确。权重分配时需充分论证,遵循客观性和科学性原则,避免主观臆断。在进行数据分析时,要考虑到季节性、促销活动等因素可能带来的数据波动影响。撰写报告时语言表述应简明易懂,图表呈现清晰,逻辑严谨,结论有说服力。

知识准备

1.综合评估分析法的特点与步骤

综合评估分析法是一种系统化、科学化的决策方法,通常用于衡量和比较不同方案、产品、项目或企业的优劣。

1)综合评估分析法主要特点

(1)全面性与多维度

综合评估分析法强调对评估对象的全面考量,它要求从多个角度和层面收集信息数据,构建包含多个指标的评价体系。这些指标可以涵盖经济、技术、社会、环境等多个维度,以确保评估结果能够反映评估对象的真实状况和潜在价值。

(2)权重分配与量化处理

在综合评估过程中,不同的评价指标因其重要程度不同而被赋予不同的权重。通过定量计算和定性评价相结合的方式,将难以量化的因素转化为可比的数值,实现各评价指标之间的量化比较和加权整合。

(3)层次结构与逻辑关联

综合评估分析法往往采用层次分析法(AHP)等模型构建多层次的评价结构,每一层代表一个抽象层次或决策层级,下一层的各个指标为上一层目标提供支持,形成一种自上而下的递进关系,体现了不同指标间的内在联系和逻辑支撑。

(4)灵活性与适应性

针对不同的评估对象和目的,综合评估分析法允许根据实际情况调整评价指标和权重设置,具有较强的灵活性和适应性,能较好地满足不同领域、不同阶段的评估需求。

(5)科学性与客观性

通过严谨的数据分析和数学模型应用,尽量减少主观偏见的影响,使评估过程更加科学、公正,从而提高评估结果的可靠性和说服力。

(6)动态性与持续改进

综合评估分析法不是一次性的静态过程,而是可以根据新的数据和环境变化进行实时更新和调整,有助于持续跟踪和优化评估对象的表现。

(7)决策导向性

综合评估结果通常直接用于指导决策,通过对比分析和排序,帮助企业或决策者明确优先发展的方向、确定资源分配策略以及制订针对性的改进措施。

2)综合评估分析法的步骤

通常包括以下6个核心环节,具体流程可能因实际应用领域和问题特性略有差异。

（1）明确评估目标与范围

确定评估的目的和背景，理解要解决的问题或决策的核心内容，并明确评估的对象、时间范围、空间范围等基本要素。

（2）构建评价指标体系

根据评估目标，系统梳理影响因素，识别关键评价维度（如经济性、技术性、环保性等）。在各维度下进一步细化出具体的评价指标，并确保这些指标能够全面反映评估对象的本质特征。

（3）确定指标权重

通过专家打分、层次分析法（AHP）、熵权法、主成分分析法等多种方法对各个评价指标进行权重分配，反映其在整体评估中的相对重要程度。

（4）数据收集与处理

收集相关数据，包括定量数据和定性数据。定量数据可以直接测量，而定性数据可能需要通过专家访谈、问卷调查等方式获取，并通过量化手段转化为可比数值。对所收集的数据进行预处理，包括清洗、标准化、归一化等操作，以便不同来源、不同量纲的数据可以进行有效整合比较。

（5）综合评估计算与结果分析

根据构建好的评价指标体系和对应的权重，采用加权求和、模糊综合评价、灰色关联分析、多准则决策分析等方法，对每个评估对象进行打分或排序。分析综合评估结果，得出各种方案或状态的优劣对比，形成结论并提出建议。可视化呈现评估结果，以直观展示各类信息。

（6）反馈与改进

结果反馈给相关人员，用于指导决策和实践操作。根据实际情况和新的信息，定期或不定期对评估体系进行修订和完善，保证评估方法的动态适应性和科学有效性。

2.综合评估分析的主要方法

1）层次分析法

层次分析法（AHP）是一种定性和定量相结合的决策方法。它通过将复杂的评价问题分解为若干个相互联系的层次结构，每一层次由若干个元素组成，并通过两两比较确定各元素之间的相对重要性，计算出权重，最终实现对目标问题的系统化、层次化的综合评估。

综合评价分析

2）模糊综合评判法

模糊综合评判法适用于处理那些难以精确量化或具有不确定性因素的问题。它首先将定性指标转化为模糊集合，然后通过模糊运算进行量化处理，最后综合考虑所有因素的影响，得出总体评价结果。

3)熵权法

熵权法是根据信息熵原理确定各评价指标权重的一种方法,其优点在于能够客观反映各指标的信息量大小,避免了主观赋权的不确定性。在综合评估过程中,通过计算各指标的熵值及其差异系数来确定各指标的权重。

3.综合评估分析法的应用场景

1)企业绩效评价

在企业内部管理中,综合评估分析法可以用于对各部门、各业务线的绩效进行全面评估。例如,通过分析财务数据、市场表现、运营效率、人力资源管理以及创新能力,形成一个全面的企业或部门绩效评价体系。

2)项目投资决策与风险评估

在面对多个投资项目时,综合评估分析法可以帮助决策者从经济收益、风险水平、战略契合度和社会效益等多个维度进行量化评分和权重分配,从而科学地确定最优的投资策略。

3)供应商选择与供应链优化

利用综合评估分析法,企业可以根据价格竞争力、产品质量稳定性、交货准时率、售后服务质量、合作信誉度等多因素指标,对潜在供应商进行综合打分,并基于此建立优选供应商列表,以实现供应链的高效运作和成本控制。

4)产品组合优化与竞争力提升

对不同产品的销售业绩、用户反馈、市场占有率、盈利能力、生命周期阶段等因素进行综合评估,可帮助产品经理和营销团队理解各类产品的市场地位,挖掘潜力产品并制定相应的产品升级、促销或者淘汰策略。

5)客户价值评估与精细化运营

通过对客户消费行为、忠诚度、客户满意度及潜在价值等指标进行综合考量,运用综合评估分析法识别高价值客户群,进而为定制化服务、精准营销提供有力支持。

6)人力资源管理与激励机制设计

在招聘、培训、晋升、考核过程中,结合员工的知识技能、工作业绩、团队协作能力、创新思维、发展潜力等因素,利用综合评估分析法对人才进行全面评估,确保人才配置的合理性和激励机制的有效性。

7)品牌影响力评估与市场定位

结合线上线下调研数据,运用综合评估分析法对品牌的知名度、美誉度、消费者认知度、忠诚度、市场份额、社交媒体影响力、危机应对能力等多方面指标进行深度剖析,明确品牌在市场上的竞争位置,进一步制订品牌推广和形象塑造策略。

8)政策效果评估与决策支持

政府实施一系列经济政策后,可通过综合评估分析法衡量其在经济增长、就业拉动、产业结构调整、环保成果、社会公平正义等方面的实际效果,为后续政策制定和修订提供实证依据。

任务实施

1.数据收集与整理

收集并整理得到的电商公司2023年各商品类别的相关商务数据见表3-6。

表3-6 电商公司2023年各商品类别数据汇总表

商品类别	销售额/万元	毛利润/万元	用户购买频次/次	用户满意度评分(满分10分)	市场推广投入/万元	市场推广产出比	复购率
家电部门	500	80	20 000	7.5	100	5	30%
家居用品	300	120	15 000	8.2	60	4	45%
服装鞋帽	400	90	25 000	7.8	80	4.5	35%
美妆个护	200	100	10 000	8.5	50	5	50%
数码3C	350	75	18 000	7.2	70	4	32%

2.构建综合评价体系

1)明确评价目标与准则层

(1)确定决策目标层

本次商务数据分析的最终评价目标是确定电商公司最具发展潜力的商品类别。

(2)设定准则层或标准层

根据评价目标,识别和确定影响商品类别发展潜力的主要准则层,这些准则层通常涵盖企业运营的核心维度,包括财务效益准则(包括销售额、毛利润、成本控制能力等指标)、市场表现准则(市场份额、销售增长速度、新用户获取率等)、客户满意度及忠诚度准则(用户满意度评分、复购率、用户推荐指数等)、运营效率准则(库存周转率、物流配送速度、售后服务质量等)、品牌影响力及竞争力准则(品牌知名度、品牌形象、市场推广投入产出比等)。

2)细化指标层并设定权重

在每个准则层下进一步细化出具体的评价指标。例如,在财务效益准则下,可以细分为"年度销售额""毛利率"等具体指标;在客户满意度及忠诚度准则下,可以设立"总体满意度得分""30天内重复购买次数"等指标。

设计一个权重分配方案,通过专家打分法、熵权法或其他科学方法来确定各个评价指标的重要性权重。权重的确定应基于行业经验、业务特性以及各指标对发展目标的贡献程度。

(1)构造两两比较矩阵

对于每一层次的各个元素,通过专家访谈、内部讨论或参考行业标准等方式,确定它们之间的相对重要性,并采用1—9标度法(1表示同等重要,9表示极其重要)构造两两比较矩阵。

例如,在标准层,可能需要比较"销售额"和"毛利润"的相对重要性,以及其他标准间的相互关系。假设有5个评价指标:销售额(A)、毛利润(B)、用户购买频次(C)、用户满意度(D)和市场推广投入产出比(E)。使用1—9标度法进行两两比较,其中数字1表示两者同样重要,数字9表示一个指标远比另一个更重要。表3-7是一个两两比较矩阵的例子。

表3-7 两两比较矩阵示例表

项目	销售额(A)	毛利润(B)	用户购买频次(C)	用户满意度(D)	市场推广投入(E)
销售额(A)	1	5	3	7	4
毛利润(B)	1/5	1	2	6	3
用户购买频次(C)	1/3	1/2	1	4	2
用户满意度(D)	1/7	1/6	1/4	1	8
市场推广投入(E)	1/4	1/3	1/2	1/8	1

在这个矩阵中,认为A比B更重要,所以赋值为5,反之则为1/5。同理,用户满意度(D)对市场推广投入产出比(E)的重要性赋值为8,表示用户满意度极为重要。

(2)计算权重向量

对于每一个两两比较矩阵,计算其最大特征值 λ_{max} 对应的特征向量,该特征向量即为各元素的权重向量。使用数组公式计算逆矩阵,比如若矩阵在A1:C3区域内,运用Excel公式"=MINVERSE(A1:C3)"可以尝试计算其逆矩阵。

计算矩阵与其逆矩阵的乘积的迹(trace),迹等于对角线元素之和,然后使用公式=SUMPRODUCT(A1:C3,MINVERSE(A1:C3)),记得输入公式时需要用"Ctrl+Shift+Enter"键(而非仅仅"Enter"键),因为这是一个数组公式。

以下是通过使用Python(结合numpy库)来计算上述矩阵的最大特征根及对应的特征向量,并归一化特征向量以获得权重的示例,如图3-16所示。

```python
Python
import numpy as np

# 假设这是一个 5x5 的两两比较矩阵
comparison_matrix = np.array([[1, 5, 3, 7, 4],
                              [1/5, 1, 2, 6, 3],
                              [1/3, 1/2, 1, 4, 2],
                              [1/7, 1/6, 1/4, 1, 8],
                              [1/4, 1/3, 1/2, 1/8, 1]])

# 计算特征值和特征向量
eigenvalues, eigenvectors = np.linalg.eig(comparison_matrix)

# 找到最大特征值对应的索引
max_eigenvalue_index = np.argmax(eigenvalues)

# 提取最大特征值和对应的特征向量
max_eigenvalue = eigenvalues[max_eigenvalue_index]
max_eigenvector = eigenvectors[:, max_eigenvalue_index]

# 特征向量归一化，得到权重
weights = max_eigenvector / np.sum(max_eigenvector)

print("最大特征根（权重最大化原则下的）: ", max_eigenvalue)
print("各指标的权重: ", weights)
```

图3-16 使用Python(结合numpy库)计算权重向量代码

（3）一致性检验

计算一致性比例(CR)，并与随机一致性指数(RI)比较，如果CR小于或等于0.1，则认为矩阵的一致性是可以接受的，否则需要重新调整两两比较的评分直至满足一致性要求。

逐层向上合成权重，即将下一层指标的权重通过上一层标准的权重进行加权求和，直到得到最高层目标层的总权重。查看权重分配是否符合公司的战略目标和业务逻辑，如有必要，根据实际情况进行微调。将权重结果与公司高层管理者、相关部门负责人讨论，达成共识。

3)建立量化评估模型

将所有评价指标进行数据化处理，并确保其可比较性。定量数据直接使用，定性数据需先进行量化转换。建立一个统一的计算公式或模型，将各项指标乘以其对应的权重后相加，得到每个商品类别的初步评估得分。

经评估，"毛利润"权重为0.3，"用户满意度"权重为0.2，"复购率"权重为0.25，"销售额"

权重为0.15,"市场推广投入产出比"权重为0.1。则可得到家电部门与家居用品部门各自的综合得分,并可据此评价得到"家电部门更有优势或发展潜力更大"的结论。家电部门和家具部门综合得分见表3-8。

表3-8　家电部门和家具部门综合得分表

指标	家电部门得分	家具用品部门得分	权重	家电部门单项得分与权重的乘积	家具用品部门单项得分与权重的乘积
毛利润	85	90	0.3	25.5	27
用户满意度	7.5	8.2	0.2	1.5	1.64
复购率	30%	40%	0.25	0.075	0.1
销售额	500万元	300万元	0.15	7.5	4.5
市场推广投入产出比	5.2	6.0	0.1	0.52	0.6
总得分			1.0	35.095	33.84

4)验证与优化评价体系

检验评价体系的合理性、有效性和稳定性,可通过历史数据回测、专家评审等方式进行。根据实际情况和反馈结果调整评价指标及其权重设置,以确保评价体系能够真实反映不同商品类别的实际表现和发展潜力。

构建综合评价体系的过程是设计和确立一套科学严谨、全面覆盖关键因素的评估框架,它为后续运用综合评估分析法进行数据分析提供了清晰的标准和依据。

3.建立综合评估模型

在电商商品类别发展潜力评估中,使用综合评估分析法是一种量化比较不同商品类别的有效方法。

1)数据准备

确定各项指标数据已经整理完成并归一化或标准化处理,以确保各指标在同一尺度上进行比较。计算每个商品类别的各个评价指标数值,并且已根据准则层权重分配对这些指标进行了加权。

2)选择综合评估模型

根据问题的特性和可用数据,选择合适的综合评估方法。

3)应用综合评估模型

假定选定方法为层次分析法(AHP),则按照以下流程进行评估:首先,构建针对各商品类别的评价指标体系的判断矩阵。其次,计算判断矩阵的特征根和特征向量,确定权重。再次,将各商品类别的指标得分与对应的权重相乘,得到该类别在每个准则层上的加权得分。最后,将准则层得分汇总成一个总分,按总分排序得出发展潜力排名。

4)结果验证与解释

分析综合评估结果,对比实际业务情况,验证评估结果是否合理及有无偏差。对于排名靠前的商品类别,深入解读其成功要素;对于排名较低的商品类别,找出制约其发展的关键因素,为后续制订优化策略提供依据。

4.数据分析及可视化展示

1)数据分析

在实施综合评价体系并得出各商品类别的评分后,进行深入的数据分析以揭示数据背后的实际意义和潜在趋势。这些分析主要是比较分析、趋势分析和关联分析。

2)可视化展示

(1)图表制作

运用柱形图、饼图、散点图、折线图等多种可视化工具,将复杂的评估结果转化为直观易懂的图表形式。

(2)仪表盘设计

通过构建商务智能仪表盘,将关键指标及综合评分集中在一个界面中,以便于决策者快速掌握总体情况,并能深入钻取具体细节。

3)结果解读

针对可视化结果,提供详尽的解读说明,阐述高分商品类别的成功因素,低分商品类别的问题所在,并提出基于数据分析的初步业务洞察。

5.撰写评估报告与决策建议

在完成综合评估分析后,撰写一份结构清晰、内容翔实的评估报告至关重要,它不仅是对整个研究过程和结果的总结,也是指导公司决策的重要依据。

评估报告通常包括报告引言和背景分析、评价体系构建及数据收集、数据处理与分析方法、综合评估结果展示与解读、决策建议、结论与后续行动等结构与内容。

任务六　了解数据挖掘与机器学习

案例导入

　　2009年,全球最大的在线零售商亚马逊推出了一项颇具创新性的服务——"商品推荐系统"。该系统基于用户的历史购买行为、浏览记录、搜索关键词等大量数据,利用数据挖掘与机器学习技术进行深度分析和模式识别,从而实现个性化推荐。例如,当一位用户购买了《Python编程从入门到实践》这本书后,系统不仅会推荐相关的编程书籍,甚至还能根据用户的其他行为特征,推荐计算机硬件产品或在线编程课程。

任务描述

任务目标:

　　学习和理解数据挖掘的基本概念、过程及常用方法。掌握机器学习的基本原理,包括监督学习、无监督学习和强化学习的主要算法及其在商务数据分析中的应用。通过实际案例分析,探讨数据挖掘与机器学习技术如何帮助企业实现决策优化和业务增长。

任务要求:

　　研究并总结数据挖掘的主要步骤以及其在商务环境中的典型应用场景。深入学习并对比不同类型的机器学习算法,并能针对具体问题选择合适的算法。分析亚马逊商品推荐系统的案例,了解如何利用数据挖掘与机器学习实现个性化推荐,并模拟设计一个简化的推荐系统模型。结合所学知识,自选或参考真实商务场景,设计一项基于数据挖掘与机器学习的小型项目,完成从数据收集、清洗到模型建立、验证的全流程操作。

任务评价:

　　对数据挖掘与机器学习理论知识掌握程度的考核,可通过书面测试或在线问答形式进行。对案例分析报告的质量进行评价,包括对案例中涉及的数据挖掘与机器学习方法的理解是否准确,分析思路是否清晰,结论是否合理等。自选项目的实施效果评价,包括数据处理流程的合理性、模型构建的科学性以及模型预测结果的有效性等。鼓励团队协作,评价小组成员间的沟通协调能力和项目执行过程中的创新思维。

注意事项:

　　在处理数据时,务必遵守相关法律法规。数据分析过程中注重逻辑性和严谨性,避免主观臆断,确保分析结果的可靠性和可解释性。注意合理分配时间,确保每个环节的学习和实践都能得到充分的落实和检验。

知识准备

1.数据挖掘的基本概念

1)数据挖掘定义

数据挖掘是一种从大量的、不完全的、有噪声的、模糊的、随机的实际应用数据中,通过运用统计学、机器学习、数据库和模式识别等方法,发现并提取隐含在其中的、有用且有价值的知识和信息的过程。它是商务数据分析的重要组成部分,旨在揭示数据内在的规律、联系和趋势。

2)数据挖掘的主要任务

分类:根据已知类别的样本建立模型,用于预测未知类别属性的数据点。

回归分析:研究变量间关系的一种统计分析方法,用于预测数值型目标变量。

聚类:将相似的数据对象聚集在一起,形成不同的组别或类别,而不事先知道这些类别。

关联规则学习:发现存在于大量交易数据中的商品之间的有趣关联或频繁模式。

序列挖掘:在时间序列或其他顺序数据中寻找重复出现的模式或趋势。

异常检测:在正常数据中找出不符合常规模式的行为或事件,常用于风险控制和欺诈检测。

3)数据挖掘过程

数据挖掘通常包括5个步骤。

①业务理解,即明确挖掘的目标和需求,理解商业背景。

②数据理解,即对原始数据进行初步探索和清理,了解数据质量和可用性。

③数据预处理,即清洗数据,处理缺失值、异常值,进行数据转换和规范化。

④模型构建,即选择合适的算法建立挖掘模型,并进行参数调整优化。

⑤评估与部署,即对模型性能进行评价,确认满足业务需求后,将其部署到实际应用系统中。

2.机器学习算法

在商务数据分析中,数据挖掘与机器学习技术是关键工具。以下是一些在实际应用中常见的机器学习算法,这些算法的基本原理、应用场景及优缺点介绍如下。

1)监督学习算法

线性回归:用于预测连续数值型变量,如销售额预测。

逻辑回归:适用于二分类问题,如判断用户是否会购买某商品。

决策树和随机森林:常用于分类和回归任务,易于理解且可以处理非线性关系。

支持向量机:适合小样本、高维空间的分类问题。

K近邻算法:基于实例的学习方法,可用于分类和回归。

2)无监督学习算法

聚类分析:如K均值聚类、层次聚类等,用于发现数据中的自然分组,如客户细分。

主成分分析:降维算法,提取数据的主要特征维度。

自编码器:一种深度学习模型,可用于数据降维和异常检测。

3)半监督学习和强化学习

半监督学习:在有限标签数据和大量未标记数据情况下进行训练,例如图半监督学习。

强化学习:通过环境反馈不断优化策略,如推荐系统中的序列推荐或广告投放策略优化。

4)集成学习算法

集成方法如梯度提升机和XGBoost等,通过构建并结合多个弱学习器来提高预测准确率。

3.数据挖掘与机器学习在商务数据分析中的应用

数据挖掘与机器学习是商务数据分析的重要工具和技术支撑,它们能够从海量商业数据中提取有价值的信息,辅助企业做出科学决策,驱动业务增长和创新。

1)数据挖掘在商务数据分析中的应用

(1)客户细分与市场划分

通过聚类分析、关联规则等方法,将消费者群体进行细分,识别不同消费习惯和需求模式,以实现精准营销。

(2)销售预测与库存管理

时间序列分析、回归分析等用于预测商品销量,帮助企业优化库存水平,降低运营成本。

(3)客户流失预警

运用分类算法构建客户流失模型,提前识别可能流失的客户,并采取相应措施保留客户资源。

(4)产品推荐系统

基于用户行为数据,利用协同过滤或深度学习等技术实现个性化产品推荐,提升用户体验和转化率。

2)机器学习在商务数据分析中的应用

(1)信用评估与风险控制

利用逻辑回归、神经网络等机器学习算法对用户信用信息进行建模,预测贷款违约风险,提高金融风控能力。

（2）价格优化

借助机器学习,预测市场需求和竞争对手反应,实施动态定价策略来实现利润最大化。

（3）社交媒体情感分析

通过自然语言处理技术和文本挖掘,分析用户在社交媒体上对企业品牌或产品的评论,获取消费者情绪变化趋势及原因,为品牌战略提供依据。

（4）智能客服与营销自动化

基于机器学习的聊天机器人可以理解并回应用户咨询,同时根据用户行为轨迹实施个性化的营销活动推送。

任务实施

1.数据获取与预处理

1）数据收集与整合

亚马逊会通过各种途径获取用户数据,包括但不限于用户的购物车添加记录、购买历史、浏览历史（页面浏览时间、点击行为）、搜索查询关键词、商品评价及评分、产品收藏夹信息等。这些数据被整合到一个大型数据库中,为后续处理提供基础资源。

2）数据清洗与预处理

在对完成数据清洗和预处理后,通过特征工程将原始数据转化为可用于机器学习模型的特征。并构建用户-商品矩阵,其中行代表用户、列代表商品,矩阵元素表示用户对商品的行为强度（如购买次数、点击频率、评分等级等）。提取用户的隐性特征,比如根据购买历史推断出用户的购买偏好。

2.模式挖掘与预测建模

在亚马逊的商品推荐系统中,模式挖掘和预测建模是实现个性化推荐的核心技术环节,它包括以下几种具体方法和技术。

1）协同过滤

用户-用户协同过滤:该方法基于用户的历史行为数据,寻找具有相似购买或浏览行为的用户群体。如果两个用户在过去对某一系列商品表现出相似的兴趣偏好,那么当一个用户喜欢某个新商品时,可以推测另一个用户也可能对该商品感兴趣。

物品-物品协同过滤:这种方法关注的是商品之间的相似性。通过分析用户的行为记录,找出被同一群用户频繁一起购买或评价高的商品,从而推荐给目标用户与其过去喜好相似的商品。

2)矩阵分解

在大规模稀疏的用户–商品交互矩阵上应用诸如SVD++、ALS等算法进行低秩分解,提取出用户和商品的潜在特征向量。这些隐含特征能够揭示用户的隐性兴趣以及商品的本质属性,进而用于生成个性化推荐。

3)深度学习模型

神经网络模型:例如使用Autoencoder、Neural Collaborative Filtering (NCF)等深度学习架构来捕获用户–商品交互中的非线性关系和高阶特征组合。通过训练神经网络模型,直接从原始的用户行为数据中学习用户和商品的嵌入表示,并利用这些嵌入向量进行相似度计算和推荐。

4)内容分析与基于内容的推荐

分析商品的元数据信息,如描述、类别、标签、评论文本等。运用自然语言处理(NLP)、图像识别等技术将商品内容转化为特征向量,然后根据用户过去的购买或浏览历史中体现出的偏好,推荐与其已有偏好相匹配的内容相似的商品。

5)混合推荐系统

结合以上多种推荐策略,构建混合推荐模型,以综合考虑用户间协同信息、商品间相似性、用户个人兴趣等多种因素,优化推荐结果的多样性和准确性。

6)序列模型与会话上下文理解

应用递归神经网络(RNN)、长短时记忆网络(LSTM)等序列模型捕捉用户行为的时间序列特性,理解用户会话上下文,实现更精准的实时动态推荐。

在模式挖掘与预测建模阶段,亚马逊的推荐系统通过上述技术手段深入分析用户行为、商品内容和时间序列特征等多维度信息,最终生成高质量的个性化推荐列表。

3.推荐生成与优化

1)候选商品集生成

基于上述提到的各种推荐算法(如协同过滤、基于内容的推荐、深度学习模型等)计算出每个用户的潜在兴趣商品集合。

为了保证推荐的多样性和新颖性,可能还会引入一些长尾商品或新上架商品作为候选。

2)融合多种推荐策略

将来自不同推荐策略的结果进行融合,以实现互补和平衡。例如,可以采用加权融合、混合排序等方式整合用户历史行为模型、社交网络影响模型,以及基于内容模型等多种推荐结果。

3)考虑商业因素和用户情境

商业目标融入:在生成推荐时,会结合商业策略,比如优先推荐库存充足、促销活动中的商品,或者考虑商品利润、供应商关系等因素。

用户情境感知:根据用户当前的情境信息(时间、地点、设备类型、购买阶段等)动态调整推荐内容,例如推荐早晚时段适用的商品、符合用户所在地理位置的特色商品等。

4)个性化排序

对候选商品集应用重排序算法,如基于机器学习的评分预测、LambdaMART或者其他梯度提升树方法,来对候选商品进行打分和排序。

考虑多个排序特征,如用户对商品的兴趣程度、商品的新鲜度、流行度、满意度评价、价格敏感度等,以及用户的历史购买记录和点击反馈数据。

5)实时更新与反馈循环

系统通过实时监控用户对推荐结果的交互行为(如点击、收藏、购买、浏览时间等),及时捕获用户最新偏好并更新推荐列表。

利用A/B测试对比不同推荐策略的效果,不断优化推荐算法,并形成一个从数据收集到推荐生成再到效果评估的闭环反馈机制。

6)探索与利用

在推荐过程中,既要"利用"已知用户偏好来提供最有可能被接受的推荐,又要适时"探索"新的商品或可能变化的用户兴趣区域,确保推荐系统的长期有效性与用户满意度。

通过以上步骤,亚马逊的商品推荐系统不仅能够生成高度个性化的推荐列表,还能够持续优化推荐质量,为用户提供更优质、更具吸引力的商品推荐体验。最终,当一位用户购买了《Python编程从入门到实践》后,系统通过上述流程分析其历史行为和其他类似用户的行为模式,进而精准地推荐相关的编程书籍、计算机硬件产品以及在线编程课程,为用户提供个性化的购物体验。

项目小结

本项目介绍了常用的商务数据分析方法。这些方法能够帮助学员在不同商业场景下灵活选取适宜的分析工具,准确呈现和解读数据背后的商务现象与规律。

项目还介绍了数据挖掘与机器学习的概念和基本应用,让学员意识到这两种先进的数据分析方法在发现潜在规律、预测未来趋势、优化决策等方面的重要作用,激发了他们继续深研大数据分析技术的热情,为后续在商务环境中运用高级分析技术打下了基础。

思考与练习

1.如何通过五数概括(最小值、下四分位数、中位数、上四分位数、最大值)快速了解数据分布特征？在什么情况下,均值比中位数更能代表数据集的中心趋势？

2.时间序列分析中,什么是季节性调整？如何识别并剔除时间序列中的季节性因素,以便更准确地预测未来趋势？

3.如何通过散点图直观判断两个变量间存在正相关、负相关还是无明显相关？

4.在多指标评价体系中,如何应用加权平均法确定各项指标的权重？权重分配的原则是什么？

5.举例说明在商务场景中,监督学习和无监督学习分别可以解决什么样的问题？选择模型时,应考虑哪些因素来确保模型的有效性和泛化能力？

项目四
数据可视化

◇ **学习目标**

知识目标：

· 深入理解如何根据数据的类型、分布特点以及分析目的，选取恰当的数据子集进行可视化展示，熟悉各类图表的基本构造原理及其适用场景。

· 学会如何基于数据可视化的目的和受众群体特征，评价可视化作品的信息清晰度、美学效果及实用性，并针对反馈进行持续优化改进。

技能目标：

· 能熟练从大量数据中筛选、提炼关键信息，确定合适的数据可视化形式。

· 掌握各种图表类型的选择原则及其应用场景，并能灵活运用。

素养目标：

· 提升创新意识，鼓励学生在实践中不断尝试新的可视化技术和设计理念，培养学生勇于探索、敢于创新的精神风貌。

◇ **项目描述**

本项目旨在帮助学生系统地掌握数据可视化的核心原理和技术，将其应用于商务数据分析的实际场景中，以增强数据的可读性、有效性和洞察能力。

学生通过本项目学习与实践操作，深入了解数据可视化的全过程，从数据的选择与展示策略开始，逐步过渡到高级的视觉编码和颜色搭配技巧，最后探讨如何利用交互式可视化工具提升数据的动态探索性和深度解析性。

任务一 了解数据可视化基础

案例导入

在2023年两大电商购物节——"双十一"与"双十二"期间,某专注于中低端智能手机市场的领军品牌意外遭遇滑铁卢,其在电商平台的销售额出现近20%的显著下滑。这一突如其来的变故对该品牌的市场地位构成了严重威胁,急需深入探究问题背后的原因并及时调整策略以止跌回升。于是,该手机厂家果断决定采取行动,他们携手一支经验丰富的商务数据分析团队,借助先进的数据挖掘技术和可视化工具,对电商平台上的海量销售数据进行了全面且精细的梳理与解析。数据集涵盖了品牌手机在"双十一"与"双十二"期间的商品详情、价格走势、销量统计、用户评价及互动数据等多个维度。

任务描述

任务目标:

掌握数据可视化的核心特点、作用、流程和常见类型。

任务要求:

根据教学目标和学生的实际情况,设置适当的任务要求。如通过实际操作数据可视化的基本步骤和流程,来评价学生掌握理论知识的情况和实践能力状况。

任务评价:

任务评价标准包括数据可视化主要类型的掌握熟练程度和实际应用效率;评价方式为评分式,即根据学生实际完成情况和评价标准作出比对并评分。

注意事项:

重视数据可视化基础知识的学习和应用,为下一步学习和掌握常见甚至是更为高级的数据可视化方法、工具及技巧夯实基础。

知识准备

1.数据可视化的作用

数据可视化是将数据转化为图表、图形、地图等视觉元素的过程,以便人们更容易理解和更为直观地看到数据的趋势、关系和模式。它通常强调的是对数据的视觉呈现,以便用户能够在数据中发现模式、异常、趋势等。数据可视化呈现效果如图4-1所示。

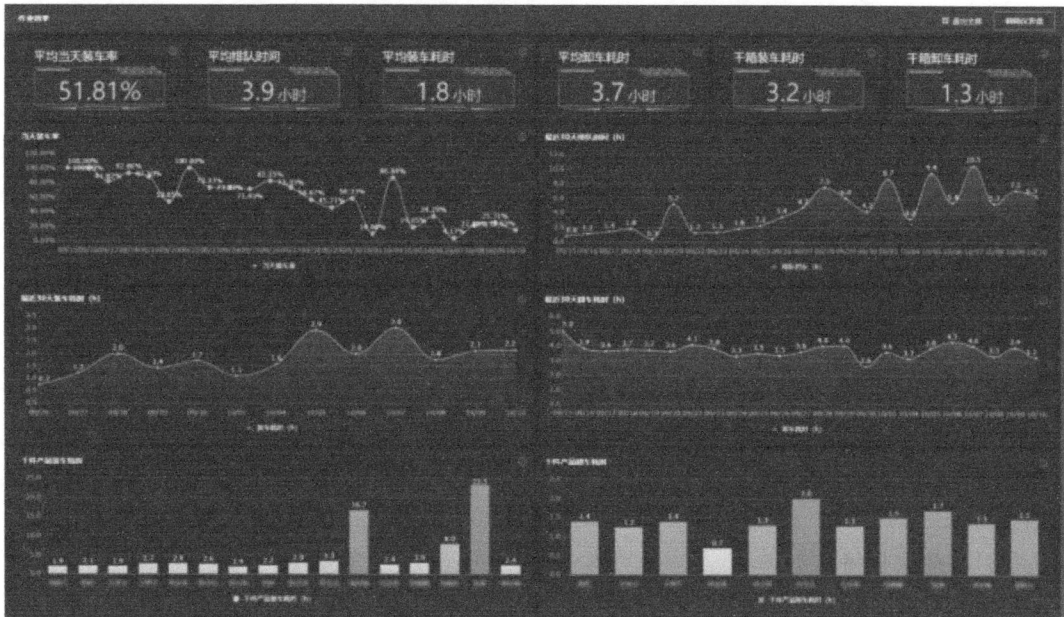

图4-1　数据可视化呈现效果

1)数据可视化的核心特点

(1)直观性与快速理解

人脑对视觉信息的处理速度远超对文字和数字信息的处理,数据可视化可以快速传达大量的信息,特别是当数据包含复杂的关系时,一个恰当的图表可以瞬间揭示出潜在的模式和趋势。

(2)多维展示

数据可视化允许多维度数据的展现,通过图形的颜色、大小、位置、形状等视觉通道,同时表达数据的不同属性或变量。

(3)交互性

用户可以通过点击、拖拽、缩放、参数修改等方式与数据互动,进行实时探索和分析。

(4)动态更新与实时性

在大数据环境中,数据可视化能够实现实时数据流的集成与展示,及时反映数据最新的状态和变化趋势。

(5)深度分析与洞察

数据可视化提供了从不同角度分析数据的能力,帮助用户从全局到局部、从宏观到微观多层次地探索数据,发现潜在的关联、聚类、异常点等信息。同时,通过可视化手段,原本难以察觉的复杂模式、周期性变化、集群效应等,可以在视觉上被轻易捕捉和识别。

（6）自定义与个性化

数据可视化工具允许用户自定义图形样式、颜色方案、标记符号、标题、轴标签等内容，以适应不同的应用场景和审美需求。同时，通过精心设计的数据可视化叙事，用户可以构建引人入胜的数据故事，引导他人理解数据背后的深层含义和业务逻辑。

2）数据可视化的重要作用

（1）简化复杂数据

数据可视化可将复杂的数据集转化为更易于理解的可视化格式。通过图表、图形和地图等方式，以图形化的方式呈现数据，可以让更多受众更容易理解数据，从而揭示出数据中隐藏的模式和趋势。

（2）探索数据并发现数据集中的隐藏信息

通过使用不同的图表类型，可以清晰地展示数据的关系和趋势，从而更深入地了解数据的本质。

（3）有效地传播信息

通过创造出更为生动、多彩、交互式的数据呈现方式，可以让数据更具吸引力，从而更轻松地向目标受众传达重要信息，受众也更容易理解和接受。

（4）提高记忆和保持的能力

通过将数据可视化为图表和图形，可以更直观地展示数据的关系和趋势，从而更容易记住关键事实和数字等信息。

2.数据可视化基本流程

数据可视化不是简单的视觉映射，而是一个以数据流向为主线的完整流程，主要包括数据采集、数据处理和变换、可视化映射、用户交互和用户感知。一个完整的可视化过程，可以看成数据流经过一系列处理模块并得到转化的过程，用户通过可视化交互从可视化映射后的结果中获取知识和灵感。一个完整的数据可视化过程可以分为以下4个步骤。

1）确定可视化的主题

确定数据围绕什么样的主题来组织。这个主题，可以是业务的目标、一个需求、一个问题。

2）提炼可视化需要的数据

主题确定后，需要获取并组织该主题需要的数据，通常分为确定数据衡量指标、明确数据间的关系、确定重点指标这三步。

3)确定图表

统计图表是数据可视化形式之一,应当根据数据之间的相互关系以及想要展示的结果来选择合适的图表。

4)可视化设计

数据可视化设计包括可视化布局的设计和数据图形化呈现两个方面的内容。

3.常用的数据可视化类型

常用的数据可视化类型非常丰富,如柱形图、饼图、折线图、堆叠图、直方图、散点图、面积图、箱线图、维恩图和热力图、树状图、瀑布图、仪表盘、网络图、地理空间数据可视化、时间序列数据可视化等,可以根据数据特性和分析目标的不同选择不同的可视化形式。

任务实施

1.提出问题

数据仪表盘是一种非常有效的数据可视化工具,其主旨在于借助图形化手段,清晰有效地传达与沟通信息。如何才能通过构图来突出"清晰有效"的重点,完成主要信息和次要信息的布局并明确层级关系,呈现出一个合格的数据仪表盘呢?

（1）工具准备

Power Query 和 Power Pivot 等数据可视化仪表盘的工具都属于 Excel 组件。

（2）利用 Power Query 进行数据处理

①数据查询:将需要处理的数据放入 Power Query 中,Power Query 获取数据的部分,从 Excel 表数据选项卡下新建查询,Power Query 可以获取服务器、工作簿、文件夹、CSV、HTML 等,获取外部数据自 Web(可以进行简单的爬虫)。

②数据处理:进入 Power Query 之后,上面是选项栏,左边是查询的表格,右边是处理的步骤,处理过的每一步都会显示出来。可对 Power Query 中的数据进行增加、删除、修改、转换、合并、拆分、排序、筛选、透视、逆透视等操作,最终得到需要的数据。

③数据上传:将 Power Query 中处理好的数据上传(上载)到 Excel 表(或数据模型等),在数据源发生改变时,通过刷新可以得到最新的结果数据。上传到数据模型之后就可以链接到 Power Pivot 了。

2.具体步骤

1)导入数据

在数据选项卡下,新建查询,每个版本有可能不一样,点击转换到"数据",如图4-2所示。

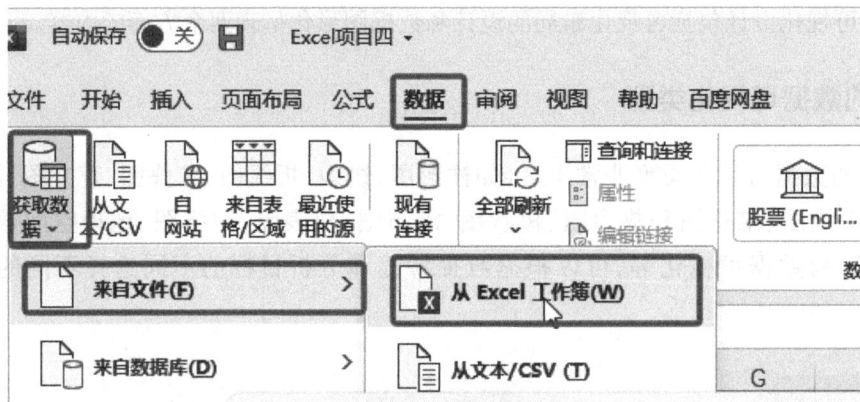

图4-2 导入数据

2)清洗数据

在打开表格时,会发现数据存在空格、只有数量和单价却没有总金额的情况,需要进行数据清洗。转换→格式→修整,就把选中的列的前后单元格删掉了,如图4-3所示。

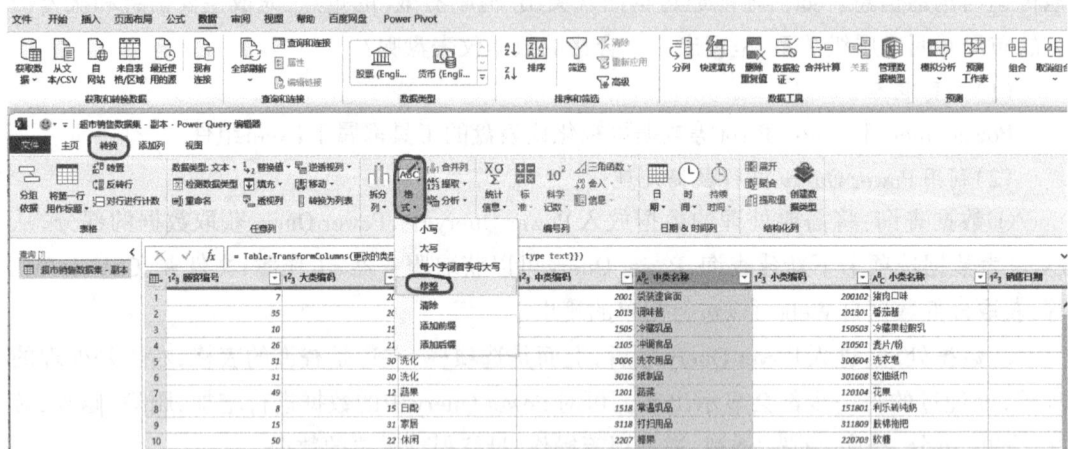

图4-3 清洗数据

3)计算字段

Power Query有很强大的数据计算功能。计算总金额的操作为:添加列→自定义列→输入公式"单价*数量",转化为数字格式。这样初步数据计算就完成了,如图4-4所示。

图4-4 计算字段

4)上载模型

选择关闭并上载,然后点击仅创建链接,将此数据添加到数据模型打钩,即数据加载到
Power Pivot,如图4-5所示。

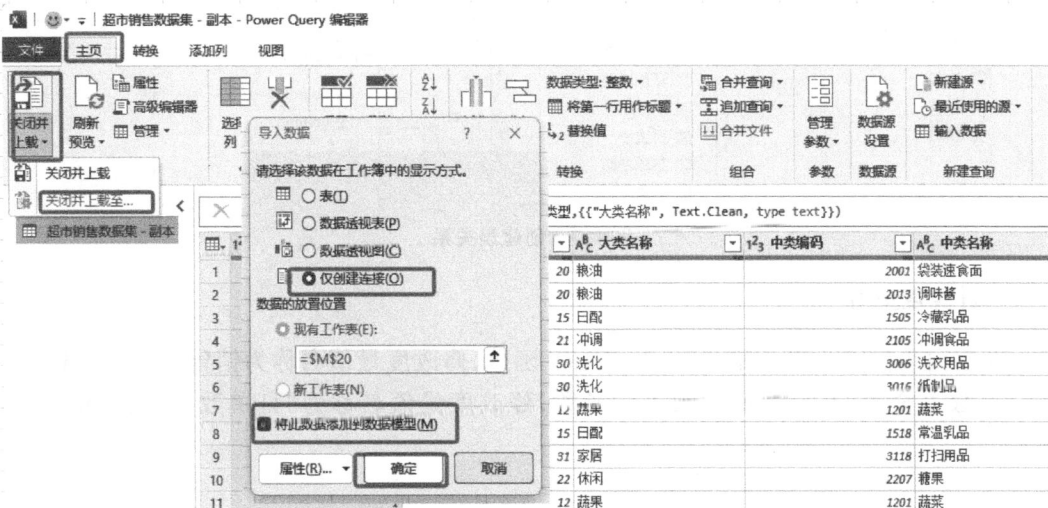

图4-5 上载模型

5)管理模型

打开数据模型,点击 Power Pivot 管理数据模型,如图4-6所示。

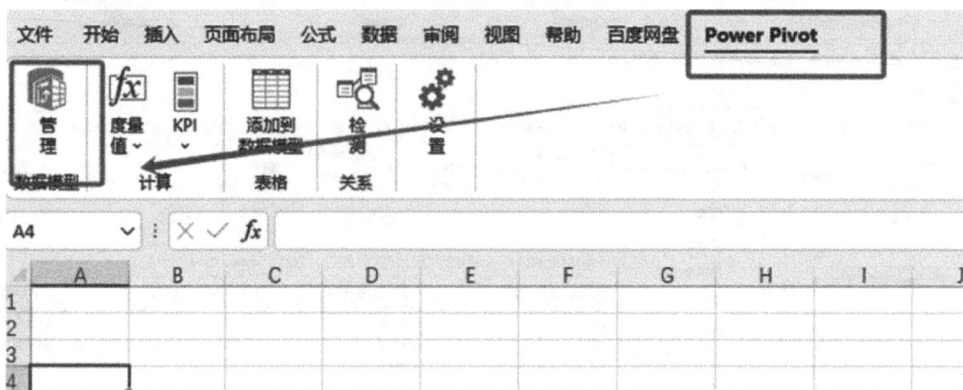

图4-6　管理模型

6)创建表关系

点击主页下面的关系图视图,让这3个表关系连接起来,目的就是通过产品名称调用总金额,在员工姓名区域调用总金额,如图4-7所示。

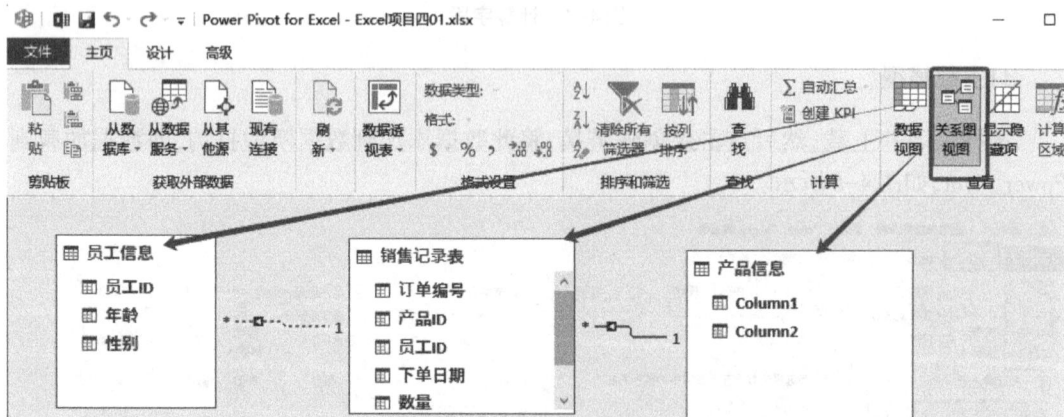

图4-7　创建表关系

7)计算度量值

在空白表格随机选一格,输入"=SUM()"函数,修改度量值名称为销售金额。同样,计算订单数总金额,在 fx 后面输入求和函数,修改度量值名称为"订单数"即可,如图4-8所示。

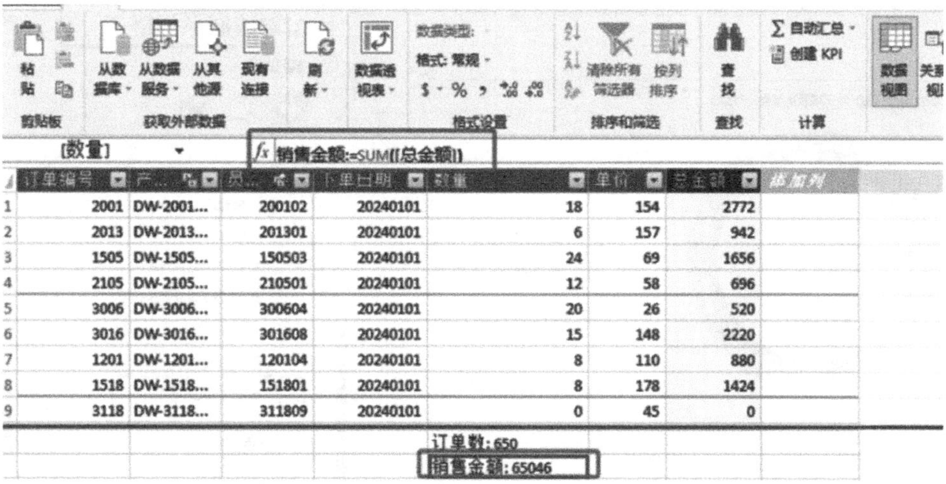

图4-8 计算度量值

8)主要指标展示

中间位置的插入数据透视表→现有工作表→选个单元格,如图4-9所示。

图4-9 主要指标展示

9)图表制作

插入数据透视图→现有工作表→选个单元格,进行选择。可制作圆环和矩形棱角等配件,如图4-10和图4-11所示。

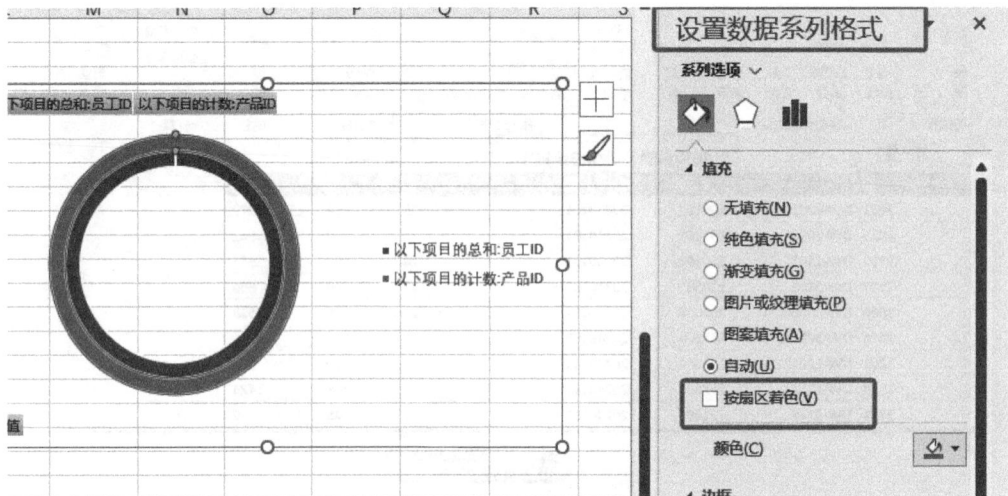

图4-10　配件圆环制作

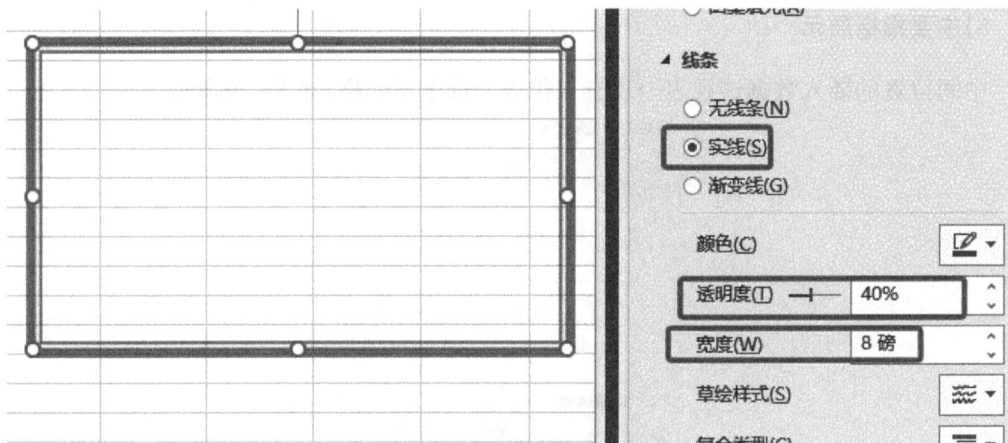

图4-11　配件矩形棱角制作

任务二　掌握数据可视化方法

案例导入

　　某电商商家想要清晰直观地看到2023年某商品的用户购买记录,但是在阿里云得到的用户购买数据库里面记录成千上万条,需要将这些数据转化成一目了然的数据图表,形成可视化的数据。该店主想要聘请一位数据分析师,将这些数据进行可视化分析,然后根据分析结果调整营销策略,获得更多的利润。

任务描述

任务目标:

　　掌握多种数据可视化的方法和技巧,能够在实际商务情境中将复杂的数据转换为直观易懂的可视化图像。培养独立完成从数据收集、筛选到最终可视化展现的全过程,能够根据业务需求设计并实施有效的数据可视化解决方案,提升数据洞察力和决策辅助能力。

任务要求:

　　要求学生熟悉各类图表的制作方法,理解并掌握视觉编码原理及色彩搭配技巧。结合真实商务数据集,进行数据预处理、数据筛选,基于所学知识设计并制作出高质量的可视化作品,清晰呈现数据特点和内在规律。

任务评价:

　　对学生制作的可视化作品进行评价,包括但不限于图表选择的合理性、视觉效果的美观性和信息传达的有效性、交互功能的设计与实现等。考查学生在数据处理、可视化设计、问题解决过程中的逻辑思维、创新意识和团队协作能力。

注意事项:

　　提醒学生重视原始数据的质量,强调可视化作品应注重信息的清晰传递,避免过度装饰导致信息混淆,保证视觉元素易于理解和解读。

知识准备

1.数据选择与展示

　　在数据选择与展示环节,需要充分考虑数据的内涵、分析目标以及受众的理解需求,合理选择和组织数据,借助恰当的图表形式和视觉元素,有效地传达数据背后的故事和洞察。

1)数据识别与选择

(1)理解数据特征

理解数据特征,即确定数据的类型、维度、规模以及数据的完整性与可靠性等。

(2)根据目标选择数据

根据具体的商务分析目标来选取最具代表性和解释力的数据指标。

(3)数据清洗与预处理

在数据选择阶段,还需要对数据进行初步清理,以确保后续展示的数据的准确性。

2)数据展示的基本原则

(1)简洁明了

尽可能简化数据展示,突出重点,避免信息过载。对于大量数据,可以通过汇总、平均、百分比等形式进行精简表达。

(2)相关性原则

展示的数据应当与分析目标紧密相关,无关或者弱相关的数据可以忽略或者放在次要位置。

(3)一致性原则

在同一份报告或图表中,数据的定义、计算方法、单位等需保持一致,避免产生误解。

3)图表类型的选择

根据数据特性和分析目标的需要,选择合适的图表类型。

4)数据分组与聚合

数据分组:根据某一字段对数据进行分类,如按季度、按地区、按产品线等进行分组展示。

数据聚合:对数据进行求和、平均、计数等统计运算,将多个数据点转化为单个数值。

5)数据排序与突出显示

数据排序:按照数值大小、字母顺序等逻辑规则对数据进行排列,便于观察其变化规律或对比差异。

突出显示:通过对数据进行高亮、加粗、改变颜色等方式,强调数据中的异常值、峰值或重要信息点。

2.视觉编码与颜色搭配

在设计数据可视化时,遵循一些设计原则和最佳实践可以提高可视化的效果与可读性。

数据可视化的设计原则包括视觉编码、数据映射、颜色选择和布局等方面的指导,帮助使用者创建清晰、吸引人且易于理解的数据可视化作品。

1)视觉编码基础

视觉编码是指将数据映射到可视化设计的不同视觉元素上,这些元素包括位置、长度、面积、角度、颜色、纹理和形状等。每种视觉通道都有其独特的感知特性,如位置和长度对应精确数值,颜色和纹理则擅长表达类别或强度差异。

2)常见视觉编码方式

位置编码:如坐标轴上的点或线的位置是表示数值大小。

长度编码:如柱形图的高度、饼图的扇区大小、折线图的上升下降幅度。

面积编码:如堆积面积图的区域面积、散点图中点的大小。

颜色编码:用不同的颜色代表不同的数据类别或数值区间。

纹理编码:如网格密度、点阵疏密等表示数据强度或等级。

形状编码:使用不同的几何形状来区分不同类型的数据。

3)颜色选择与搭配

色彩心理:介绍色彩的心理学效应,如红色代表警告或热情,蓝色给人平静或信任的感觉,绿色通常用来表示安全或增长。教育学生在选择颜色时考虑其情感暗示和文化背景。

颜色模型:讲解RGB、CMYK、HSV等颜色模型,理解颜色的构成原理和相互转换。

色彩连续性与对比:在数据可视化中,采用颜色梯度以体现数值连续性变化,同时注意不同颜色之间的对比度,确保信息可辨识。

色彩分级:如何根据数据范围合理划分颜色等级,避免颜色断层或过度拥挤。

色彩无障碍设计:强调颜色编码要考虑色盲人群的需求,选用色盲友好的配色方案,或配合其他视觉通道(如图案、线条样式等)补充信息。

3.交互式可视化

交互式可视化是一种允许用户与数据可视化图表进行交互的数据可视化方式。通过交互式可视化,用户可以选择、放大、缩小、过滤和排序数据可视化图表中的元素。交互式可视化技术包括交互式仪表板、动态图表和基于网络的查询和可视化工具。交互式可视化工具不仅改变了数据的呈现方式,更是改变了人们分析和理解数据的过程,赋予了使用者主动探寻数据背后故事的能力,促进了深度数据分析与发现的进程。

1)常用交互式可视化工具

（1）Tableau

Tableau 是一款强大的商业智能和数据可视化工具，它拥有直观的拖拽式界面，让用户无须编码就能创建丰富的仪表板和交互式图表。Tableau 支持众多数据源集成，用户可以通过筛选、下钻、联动等多种交互方式进行深度数据分析。

（2）Power BI

Microsoft Power BI 是一套商业分析工具，包含数据清洗、建模、可视化和分享等功能。Power BI 提供了大量的图表类型，并支持交互式探索，可通过自然语言查询功能进行数据分析，还允许与其他 Microsoft 产品无缝集成，方便企业级用户应用。

2)交互式可视化优势

（1）过滤

允许用户根据特定条件对数据进行筛选，仅显示感兴趣的子集，便于发现问题和规律。

（2）缩放

无论是时间序列数据还是空间数据，缩放功能都允许用户放大感兴趣的时间区间或空间区域，查看细节或是宏观趋势，这对于跨越多个尺度的数据尤其重要。

（3）平移

对于大型数据集或复杂的时空数据，平移功能允许用户轻松移动视图焦点，无须重新加载或生成新的图表，即可浏览数据的不同部分。

（4）下钻或上卷

下钻分析允许用户逐级深入数据细节，如从国家层面下钻至省份再至城市直至个体级别，以便于逐层发现具体问题和局部特征。上卷则是从微观数据汇总到宏观视角，快速概览整体趋势和模式。

除此之外，还包括联动、实时更新、个性化定制与探索等优势。

任务实施

1. 获取数据

1)采集数据

如图 4-12 所示，Excel 表里记录了某电商平台上部分用户的购物记录。表中含有的字段包括用户名称、订单号、商品编号、购买数量、下单日期。

用户名称	订单号	商品编号	购买数量	下单日期
785219652	45982365848	50022520	2	2014/9/19
652841955	2583694752	28	1	2013/10/11
423895878	11598635721	50014815	1	2013/10/11
125846552	39585699471	37	1	2013/11/25
526987596	3692147123	328	2	2014/5/9
698656931	1935817455	50021558	1	2014/3/20
885692145	69481563994	50033986	3	2014/6/3
235848563	18985693118	50029788	2	2013/12/25
958452156	1255692554	20	1	2014/8/11
8535524639	3829548711	52	1	2013/11/19
4848669743	86948525697	500368271	1	2014/4/15

图4-12　电商平台客户购买行为数据示意图

　　单击功能区的"获取数据",可以看到不同的数据源,说明Power BI支持不同来源的数据。本案例用Excel做演示,所以单击第一个,或者直接在功能区单击Excel图标,如图4-13所示。

图4-13　通过Excel获取数据

　　获取数据后,会显示Excel里所有的工作表。选中需要的表格(本案例选择的工作表名称是"淘宝购买行为数据表"),然后点击"加载"按钮,如图4-14所示。加载完后,表格的所有字段都会显示在"字段"栏,如图4-15所示。

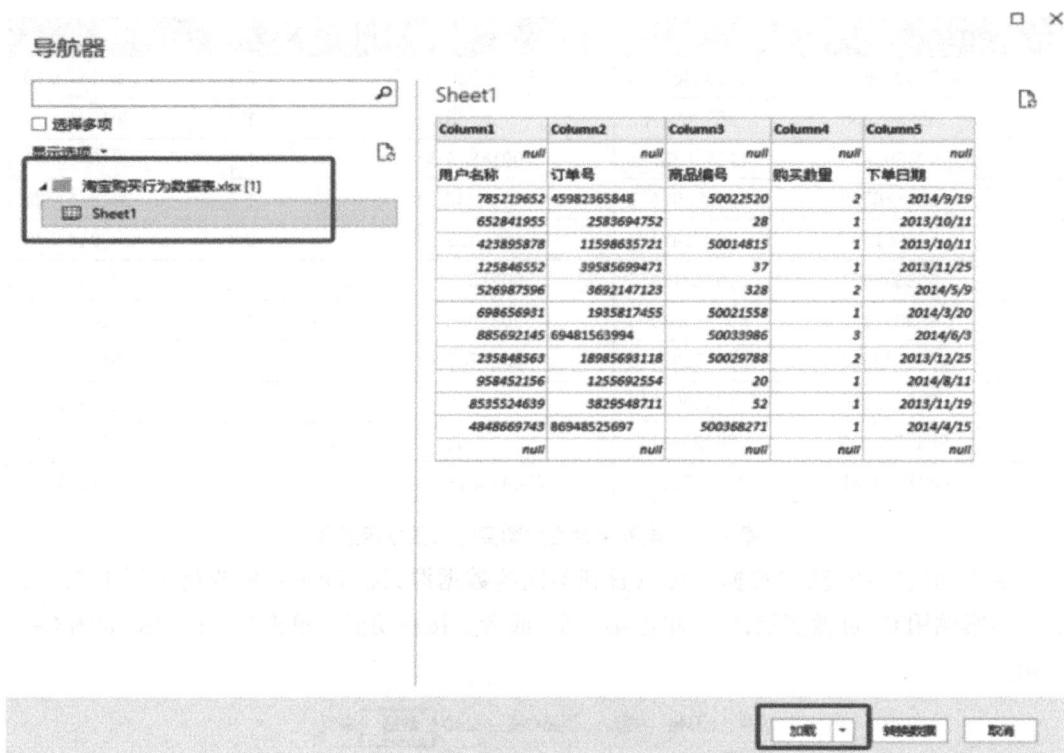

图4-14　选定目标表格及加载

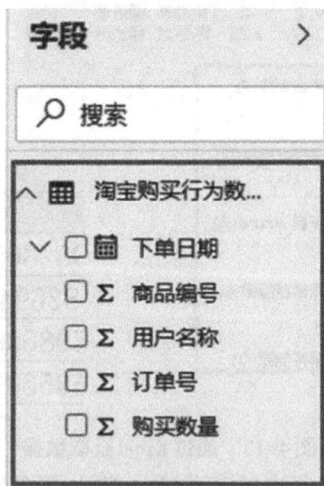

图4-15　数据加载完成

2)建立图表

根据导入的购买行为数据表,选择"插入"→"数据透视图",表格中会同时显示数据透视表和数据透视图的图表类型,如图4-16所示。

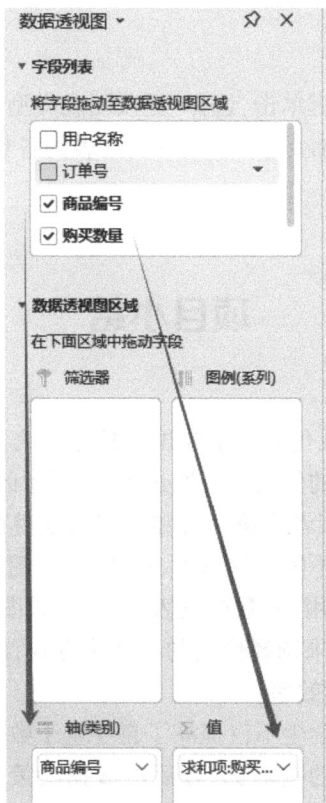

图 4-16　图表选择

再选中作图需要的数据。本案例想要分析不同时间的用户购买情况,所以先选 X 轴(下单日期),再选 Y 轴(购买数量)。如图 4-17 所示,时间会自动帮助拆分多个维度。

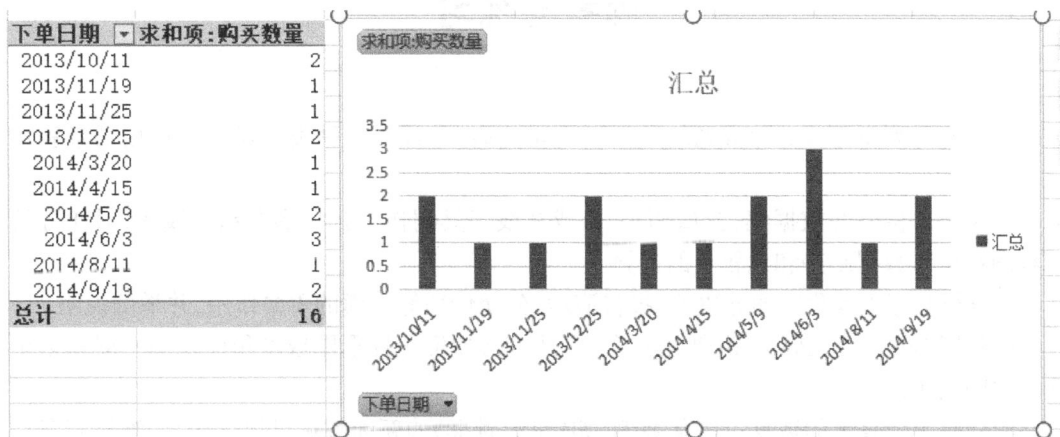

图 4-17　多维度时间拆分

画布上就会出现图形,长按图形边框角,可放大、缩小图形,鼠标移到图形上,会显示图形数据。

3)调整格式

在表格中点击图表,鼠标右键单击,选择"更改图表类型",即可调整图表形式,点击工具栏上方的"图表工具",选择"添加元素"即可更改图表的各项内容元素,如坐标轴、颜色、标题等。

项目小结

本项目系统讲解了数据可视化的基础知识与核心方法。首先,通过对数据可视化基础的全面了解,认识到数据可视化的价值在于通过图形、图像的方式直观展现复杂数据背后的模式、趋势和关联,从而帮助决策者快速理解和挖掘数据潜在的信息。同时,介绍了各种数据可视化的方法和技术,涵盖但不限于柱形图、折线图、饼图、散点图等数据可视化多种图表类型,以及高级可视化工具的应用,如数据仪表盘、交互式图表等。还介绍了如何根据不同的数据属性、分析目的和受众需求选择恰当的可视化方式,以及如何通过色彩、布局和标签等元素优化图表的表现力和传达效率。

通过本项目的学习与实践,学生不仅提高了自身基于数据讲故事的能力,也强化了利用可视化工具解决实际商务问题的技巧,为今后的数据决策支持和有效沟通打下了坚实的基础。

思考与练习

1.研究并列举至少5种常见的数据可视化类型,并针对每种类型说明其适用场景和优缺点。

2.寻找一份公开数据集,尝试用Excel或在线工具制作一张柱形图和折线图,对比分析两种图在展示数据趋势和比较上的差异。

3.分析数据可视化在商务决策、报告演示、公众传播等方面的重要作用,并举例说明。

4.利用Tableau或Power BI创建一个复合图表(如堆积柱形图或堆积面积图),展示多个变量之间的关系。

5.分析一个著名的数据可视化案例,如《纽约时报》的新闻数据可视化作品,解析其背后的设计理念与实现方法。

6.根据提供的多维度数据集,设计一套完整的可视化方案,包括选择合适的图表类型、配色方案及交互设计。

7.组队完成一个数据可视化项目,从数据清洗、整理到最终生成可视化报告,全程体验并总结数据可视化的工作流程。

项目五
商务数据分析工具

◇**学习目标**

知识目标：

·熟悉Excel的数据清洗、统计分析、函数运用及可视化插件功能。

·掌握利用Tableau或Power BI等工具进行数据处理、可视化设计及交互式报告制作方法。

技能目标：

·能独立运用Excel完成复杂的数据整理与基础分析，并创建专业图表。

·能利用现代可视化工具从海量数据中提炼关键信息并构建动态仪表板。

素养目标：

·塑造严谨的数据思维，以数据驱动方式解决实际商务问题。

·具备跨学科融合能力，结合商业知识有效应用数据分析技术。

◇**项目描述**

本项目专注于"商务数据分析工具实战应用"，旨在培养学生掌握并熟练运用Excel、Tableau或Power BI等基础与高级数据分析及可视化工具。通过实践操作，学生将深入理解并能独立运用Excel进行数据整理分析以及专业图表制作。进一步学习利用现代可视化工具处理海量数据，构建交互式仪表板以揭示关键信息。

任务一　熟悉Excel数据分析工具

案例导入

　　某母婴品牌主营各类母婴用品的销售,其主要销售渠道为电商平台。该厂家分析发现,2023年的销售业绩出现了近15%的下滑。作为该品牌的数据分析师,对电商平台上的母婴产品数据进行分析,现有该网站2022—2023年的母婴购物数据集两个,用以分析该品牌的市场表现,找到销售下降的主要原因,并为扭转降势、促进销售提供决策参考。

任务描述

　　任务目标:

　　熟悉Excel各大功能区域,了解基于Excel的各种插件及其主要功能;掌握如何利用Excel对商务数据进行简单分析;掌握Excel的统计功能和可视化功能。

　　任务要求:

　　根据教学目标和学生的实际情况,设置适当的任务要求。例如,寻找合适的现有的数据,要求学生明确数据分析的目标,即需要采集哪些数据,用于什么目的;利用找到的数据,对数据进行特定的处理和分析;结合Excel及其相关插件得到不同的分析结果并展示等。

　　任务评价:

　　任务评价标准包括Excel数据展示的完整性、准确性、效率;评价方式为评分式,即根据学生实际完成情况和评价标准作出比对并评分。

　　注意事项:

　　在利用Excel进行商务数据分析时,注意该数据的隐私性,做好保密工作,不得利用网络进行传播。

知识准备

1.Excel简介

　　Microsoft Excel 是一款主要用于数据管理和分析的电子表格应用程序,广泛应用于个人计算机(PC)等操作系统。Excel自1985年首次推出以来,经历了多次更新迭代,为用户提供了一个一体化的数据管理解决方案,已成为全球企业和个人用户处理、组织、分析和可视化数据的核心工具之一。随着版本更新,Excel还不断引入新特性,如人工智能辅助分析、在线实时协作等,使其始终保持在数据处理领域的前沿地位。

1)Excel的主要特点和功能概述

(1)数据存储与整理

工作簿与工作表:Excel文件被称为工作簿,每个工作簿内可以包含多个工作表,每个工作表由若干行和列组成,形成单元格矩阵,用于记录数据。

单元格数据类型:单元格可以存储文本、数值、日期/时间、逻辑值、错误值等多种类型的数据,同时也支持超链接、注释等附加信息。

数据排列与过滤:通过行、列的增、删、改、移动,以及内置的排序、筛选功能,用户能够轻松整理和组织大量数据。

(2)数据处理与计算

公式与函数:Excel提供了一系列内置函数,如SUM、AVERAGE、COUNT等,用户可以创建复杂的数学、财务、统计和工程计算公式,完成自动化计算。

数据验证:通过数据有效性规则,可以限制单元格内的输入内容,确保数据质量。

引用与链接:单元格之间可以相互引用,进行跨工作表甚至跨工作簿的数据关联计算。

(3)数据分析

排序与筛选:快速对数据进行升序或降序排序,并通过自定义筛选条件提取所需信息。

高级分析:使用复杂函数(如数组公式)、条件格式、数据透视表等工具进行深度分析,揭示数据背后的模式和趋势。

模拟与预测:基于现有数据建立模型,执行假设分析,生成趋势线或预测未来的数据走向。

(4)数据可视化

图表制作:Excel拥有丰富的图表类型,包括但不限于折线图、柱形图、饼图、散点图、条形图、面积图等,帮助用户将复杂数据转化为易于理解的视觉化信息。

条件格式化:通过颜色、图标集等方式突出显示满足特定条件的数据,增强数据的可视性。

(5)协同工作与共享

多人协作:支持多人同时编辑同一份Excel文件,实时同步更新,便于团队合作。

云端存储与分享:与Microsoft OneDrive等云服务集成,使得数据随时随地可访问和共享。

(6)界面与导航

功能区:Excel采用现代化的功能区界面设计,集中了各种命令按钮和工具,分为"主页""插入""数据""审阅""视图"等多个标签页,便于用户快速找到对应功能。

快捷键与宏:通过键盘快捷键提高工作效率,同时支持VBA编程和宏录制,实现自动化任务。

2)Excel主要插件介绍

Excel插件,又称Excel加载项或外接程序,是一种专门为Microsoft Excel设计和开发的软件组件,用来增强或扩展Excel的标准功能。

Excel插件可以在Excel应用程序内部运行,它们可以直接添加到Excel的菜单栏或功能区,为用户提供额外的功能按钮、工具和对话框。通过安装插件,用户可以获得如数据清洗、复杂计算、数据分析、图形可视化、报表生成、自动化处理等一系列高级或专业化功能。

(1)Power Query (Get & Transform)

Power Query是Excel自带的一项强大功能(对于较新版本,通常已经内置),它允许用户进行数据连接、清洗、转换和加载。用户可以从各种来源获取数据,如数据库、网页、文本文件等,然后运用一系列操作对数据进行预处理,简化复杂的数据准备工作流程。

(2)Power Pivot

Power Pivot是一个用于高性能数据建模和分析的插件,它可以处理大量数据,并支持多表关系设置和DAX(Data Analysis Expressions)语言进行复杂计算。用户可以构建数据模型并在其中进行高级分析和报表制作。

(3)Analysis Tool Pak

这是Excel自带的一个加载项,提供了多种统计分析工具,包括描述性统计、回归分析、方差分析等,方便用户在不离开Excel环境的情况下进行较为深入的数据分析。

(4)Solver

Solver是一个优化工具,用于解决规划问题,例如求解目标函数的最大值或最小值,同时满足一组约束条件。在决策分析、资源分配等领域有广泛应用。

(5)Tableau Add-In for Excel

Tableau的Excel插件使用户可以直接从Excel中创建交互式可视化,将数据导入Tableau Desktop或者发布到Tableau Server或Online上。

(6)Excel Data Cleaner

Excel Data Cleaner属于第三方插件,专注于数据清洗工作,可以快速识别并清除重复数据、空值、错误值等,提升数据清理效率。

(7)XL Tools

XL Tools提供一系列功能,如合并单元格、批量填充、项目管理工具、数据比较等,帮助企业级用户更高效地管理工作表和项目数据。

2.Excel数据分析基本流程

利用Excel进行数据分析时,应当遵循的基本流程如图5-1所示。

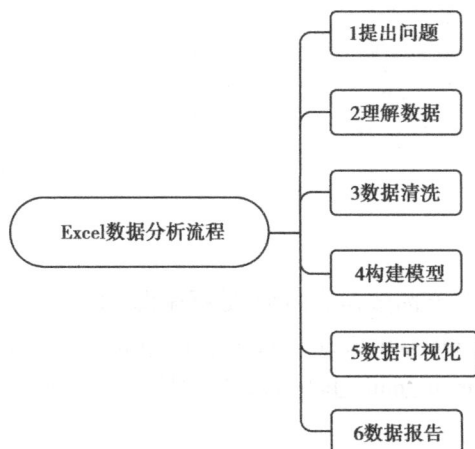

图5-1　Excel数据分析主要流程图

3.Excel+Power BI使用

1)Power BI简介

Power BI是用于分析数据和分享见解的一套业务分析工具。利用每台设备上提供的丰富的仪表板监视业务并快速获取答案。Excel里面包括Power Query、Power Pivot和Power View这三大插件,Power BI就是整合了这三大插件,并加入了社交分享的功能。

所有的数据分析过程都可以分为3步,即获取数据、数据建模、可视化展示。Power BI可以用最少的时间完成数据处理和分析的工作,快速展示可视化结果。

2)Power BI常用场景

(1)有大量重复性的手工整理数据工作

当需要定期从系统中抓取数据,需要对格式做重复性修改,或数据量较大,需要处理几十兆字节以上的Excel文件和超百万行数据时,Excel出现了崩溃和卡顿情况;使用多个数据源时,需要通过手工复制并粘贴来合并等。

(2)周期性报告的需求多变

经常因月份、产品、渠道、地域等维度的变化导致需要重做报告。需要定期按周、月、季度统计业绩和用仪表板展示数据等。

(3)需要用数据可视化来讲故事

Excel基本图形样式无法满足需求,或者修改坐标、颜色、数据标签等美化图表工作耗时;需要交互式多角度地分析数据;经常分享报告给他人,希望别人在手机或平板电脑上也可以阅读等。

任务实施

1.理解数据

1)数据采集

现有来自阿里云的母婴产品数据集两个(数据来源:Baby Goods Info Data-数据集-阿里云天池),分别为表1《(sample)sam_tianchi_mum_baby_trade_history.csv》(即《购买商品信息表》)和表2《(sample)sam_tianchi_mum_baby.csv》即(《婴儿信息表》),如图5-2所示。

数据列表		
数据名称	上传日期	大小
(sample)sam_tianchi_mum_baby_trade_history.csv	2023/4/2	8.40MB
(sample)sam_tianchi_mum_baby.csv	2023/4/2	20.30KB

图5-2 来自阿里云的数据集

2)数据理解

理解数据中各字段的含义以及字段记录的信息,是非常重要的。常用的数据类型主要有字符串、数值、逻辑。使用时需注意,字符串形式存储的数值,属于字符串类型。文本类型不能计算,只有转换为数值类型才能计算。

操作前,建议将原始数据建立副本并重命名,避免污染数据源,方便排错。可按原始数据—清洗后—可视化等类似的布局,如图5-3所示。通常文本型数据靠左对齐,数值型数据靠右对齐。

25	691367866	17712372914	121434042	50014815	21458; 49341152	1	20230806
26	53566371	35537441586	50006520	50014815	22277; 6262384	2	20230806
27	77193822	15502618744	50010555	50008168	25935; 31381	1	20240126
28	605678021	26481508332	121412034	50014815	21458; 4934115	1	20230201
29	47702620	4094585820	50012365	122650008	21458; 3099612	1	20231009
30	703560371	35838498718	50012442	5008168	21458; 3596449	1	20230201
31	402028533	2717784760	121394024	5008168	21458; 420950	1	20230109

购买商品-原始数据　购买商品-处理后　购买商品-可视化　+

图5-3 建立副本以保存原始数据

3)基本描述

在表1《购买商品信息表》中,数据集共有29 971行×7列,有如下字段:user_id:用户ID;auction_id:行为ID;cat_id:商品种类ID;cat1:商品类别;property:商品属性;buy_mount:购买量;day:购买时间。

在表2《婴儿信息表》中,数据集共有953行×3列,有如下字段:user_id:用户ID;birthday:出生日期;gender:性别("0"代表男性,"1"代表女性)。

2.数据清洗

第1步：数据检查

选择子集：若是直接操作原始数据，对不需要的字段进行隐藏，对于数据尽量不要删除，不需要可以隐藏，操作步骤为：开始→选中某(些)列→鼠标右键→隐藏/取消隐藏。

此外，因为不直接操作原始数据，选中数据分析中所不需要的数据字段，做删除处理。

第2步：列名重命名

将英文字段转换成习惯的中文字段，方便理解、查看，便于数据分析，如图5-4所示。

	A	B	C	D	E	F
1	user_id	auction_id	cat_id	cat1	buy_moun	day
2	用户ID	行为ID	商品种类ID	商品类别	购买量	购买时间
3	786295544	41098319944	50014866	50022520	2	20230919
4	532110457	17916191097	50011993	28	1	20230111

图5-4　数据集重命名

注：最好直接将英文字段修改成中文字段，此处演示只是为了方便对比。

第3步：数据类型转化

日期数据处理：对于存在的不规则日期、时间数据，先转换成统一格式。

有时候，需要用到分列功能。操作步骤为：选中"购买时间"字段→数据→分列→原始数据类型(选：分隔符号)→分隔符号(默认即可)→列数格式(日期-YMD)→右键→设置单元格格式→日期格式。Excel分列效果如图5-5所示(可对比上图的"购买时间"来看)。

	A	B	C	D	E	F
2	用户ID	行为ID	商品种类ID	商品类别	购买量	购买时间
3	786295544	41098319944	50014866	50022520	2	20230919
4	532110457	17916191097	50011993	28	1	20230111
5	249013725	21896936223	50012461	50014815	1	20231011
6	917056007	12515996043	50018831	50014815	2	20231011
7	444069173	20487688075	50013636	50008168	1	20221023

图5-5　分列功能示意图

第4步：数据去重

数据去重的流程为：数据→删除重复项→取消全选→列中选择根据自己分析需要→确定，如图5-6所示。

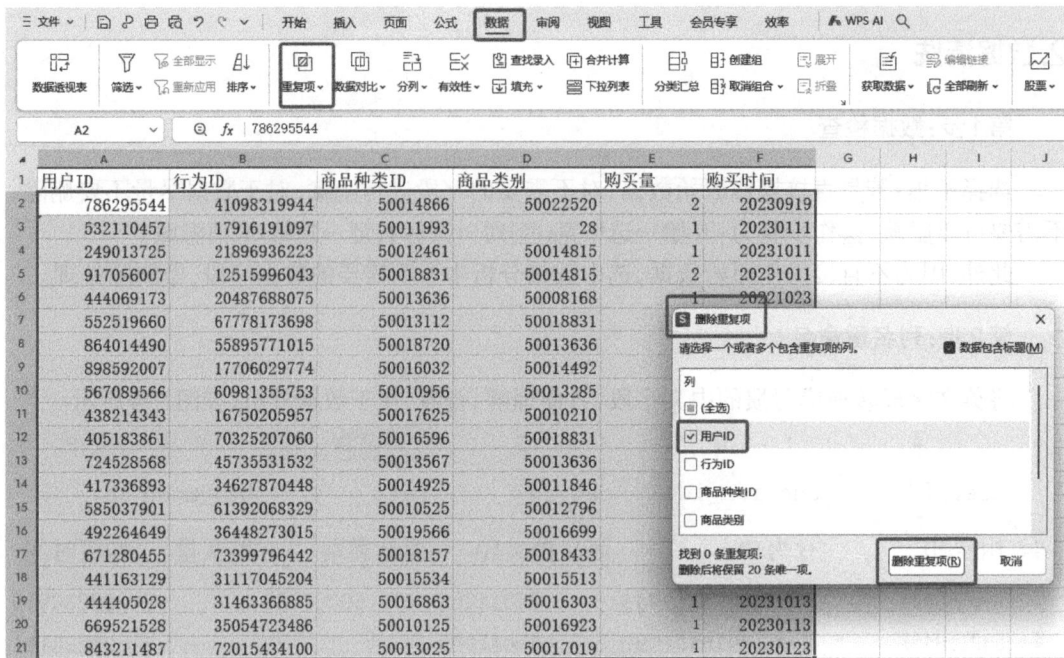

图5-6　数据去重

考虑到同一个用户可能在不同日期购买商品、不同用户也可能在相同日期购买相同的商品,因此暂时不作去重处理。

第5步:缺失值处理

缺失值的主要处理逻辑是填充数据和删除数据。

第6步:异常值处理

观察表2《婴儿信息表》中的"出生日期"字段,通过筛选或升序排列,可以发现有婴儿"出生日期"为2010-06-16,与当前表中数据有明显差异,作删除处理,如图5-7所示。

图5-7　异常值处理(一)

观察表2《婴儿信息表》中的"性别"字段,通过筛选发现婴儿性别出现2,可能是数据统计出错,考虑到当前数量较大,异常值仅占极小一部分,故作删除处理,如图5-8所示。

▲	A	B	C	
1	用户ID	出生日期	性别	T.
515	552519660	20210802		2
529	444069173	20190306		2
561	917056007	20210113		2
606	786295544	20210309		2
626	492264649	20231012		2
647	438214343	20230316		2
658	532110457	20210112		2
668	585037901	20220216		2
669				

图5-8　异常值处理(二)

第7步:构建模型

数据透视图建立:根据导入的商品销售信息表,点击"插入"→"数据透视图"→"字段列表"→将字段拖入透视图对应区域,就生成你所选择的透视图。

2020到2023年的销售额如图5-9所示,它反映了什么样的销售规律?

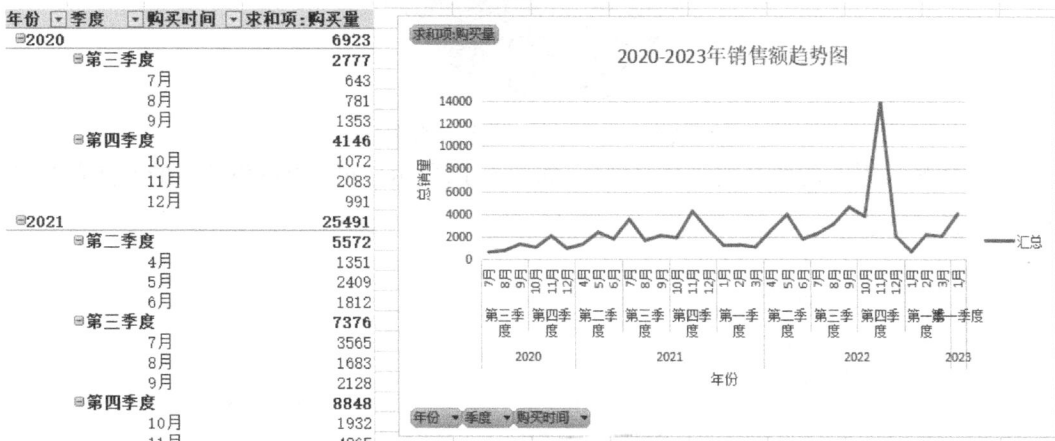

图5-9　销售额及其趋势

从图5-9数据来看,销售额一直都是稳步持续上涨,其中,2022年11月份的销售量尤为突出,根据当年的实际情况,可以推断出,"双十一"促销活动极大地刺激了用户消费。

各商品购买量如图5-10所示,总销售量前三的产品是哪些类别?各自占比多少?

出图5-10可见,"28""50014815"和"50008168"类型的商品位于销量前三,且Top 3的总销量占比高达88%。

行标签	求和项：购买量
28	28545
50014815	19763
500008168	18792
38	3666
50022520	3245
122650008	2239
总计	76250

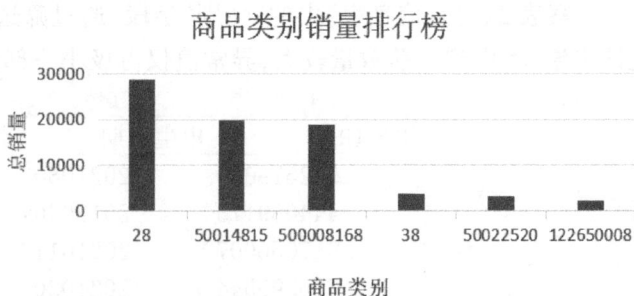

图5-10　销售量及销量排行

男女婴儿的占比情况。对表2性别列的分析,通过数据透视表得出,男性购买商品数据占据总数量的54%,由此可见,男性婴儿的市场占比略大于女性婴儿的市场占比,如图5-11所示。

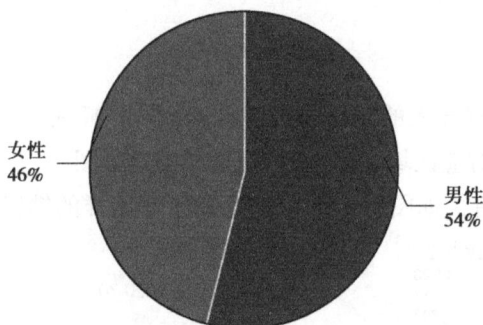

图5-11　婴儿性别占比示意图

各个年龄段婴儿的商品购买数量情况,如图5-12所示。可见0~3岁阶段的婴儿购买量最大。

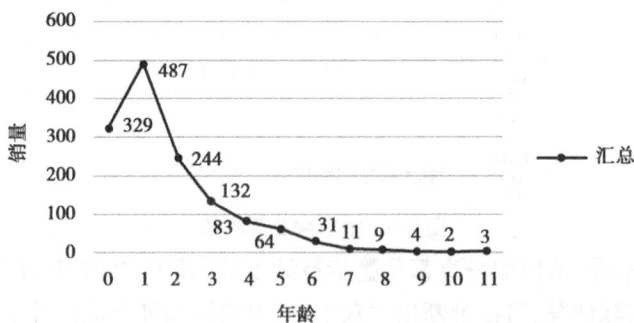

图5-12　各年龄段婴儿的商品购买数量

任务二　熟悉数据分析和可视化工具

案例导入

　　电商公司为了提高销售额,决定分析过去一年的商品销售详细数据,并通过可视化手段为决策提供直观支持。数据团队采用Tableau软件处理和展示数据,导入了包括商品类别、销售额、销售数量、客户地区及购买时间等多个维度的信息。他们在Tableau中构建了一个交互式仪表板,还借助在线动态图表工具镝数图表(Dycharts),增强了报告内容的表现力和演示效果。为了便于内部分享和跨部门交流,团队制作了一个基于Web的可交互式报告,管理层可通过这些丰富的可视化图表迅速洞察哪些商品类别在特定时间段和地区表现优异及其销售额的趋势变化。

任务描述

任务目标:

　　旨在帮助学生掌握常用的数据分析和可视化工具,如Tableau、镝数图表等,并能灵活运用这些工具对商务数据进行多维度分析与可视化展示,为商业决策提供直观支持。

任务要求:

　　熟练运用Tableau和Dycharts进行数据导入、清洗、分析及可视化图表制作。利用案例数据在Tableau中建立多图表交互仪表板,并在Dycharts创建联动在线报告,展示销售数据多维度信息,并进行成果提交与演示。

任务评价:

　　评估数据分析和可视化工具等基础理论知识的掌握程度。根据学生在Tableau和Dycharts中完成的数据分析和可视化工具表现来评价实践操作技能。根据报告内容和现场演示情况来评价报告撰写与演示能力。

注意事项:

　　在操作过程中注意数据安全与隐私保护;在团队合作中注重沟通交流,共同解决问题,培养良好的团队协作能力。

知识准备

1.Dycharts 使用

Dycharts 是一款在线动态图表工具,具备丰富的图表类型和强大的数据可视化功能,适用于多种商务场景下的数据分析和报告展示。用户不需要编程基础,通过拖拽式操作即可快速生成美观、易懂的图表。

1)Dycharts 简介

(1)定义与特点

Dycharts 是一款强大的在线数据可视化工具,它以用户友好的界面和拖拽式操作为核心,简化了复杂数据转化为直观图表的过程。

(2)适用场景

广泛应用于各类商务环境中,如销售分析、市场趋势研究、财务报表制作、运营管理监控等。因其简洁高效的特性,即使是没有编程背景的学生也能快速上手创建专业级别的可视化内容。

2)数据导入与预处理

(1)数据源支持

掌握如何从 Excel、CSV、JSON 等多种格式的数据文件中导入数据至 Dycharts 平台,同时了解如何直接连接到数据库或其他 API 获取实时数据。

(2)数据清洗与整理

学习在 Dycharts 内进行基本的数据清洗操作,包括删除重复项、填充缺失值、转换数据格式以及筛选特定数据子集等,确保用于可视化的数据质量可靠且聚焦问题核心。

3)图表类型与应用实践

(1)基础图表操作

①折线图。

创建方法:在 Dycharts 中,用户可以选择数据源并指定 X 轴和 Y 轴的数据字段来创建折线图。通过连接一系列数据点形成线条,折线图非常适合展示随时间变化的趋势或连续变量之间的关系。

应用场景及优势:折线图特别适用于反映销售数据随时间的增长趋势、网站流量的波动情况、产品价格走势等具有时序特点的数据分析。它能够清晰地揭示数据上升、下降、平稳等变化规律,帮助决策者快速把握总体趋势。

②柱形图/条形图。

创建方法:柱形图是通过柱子的高度来表示数据量的大小,而条形图则是水平显示柱子。选择类别字段作为X轴,数值字段作为Y轴,并设置适当的颜色和标签即可完成制作。

应用场景及优势:这两种图表通常用于直观比较不同类别的数据值。

③饼图。

创建方法:在Dycharts中,只需设定"类别"字段以及其对应的数值字段即可生成饼图。

应用场景及优势:饼图最适合表达整体中各部分所占比例。

④面积图。

创建方法:在Dycharts中,选择时间序列或其他连续变量作为X轴,数值字段为Y轴,并勾选填充选项生成面积图。

应用场景及优势:面积图在显示一段时间内总量的变化时十分有效,可以清晰地看到某个指标随着时间的推移是如何积累或减少的。

(2)高级图表功能

①散点图。

构建方法:在Dycharts中创建散点图时,需要设置两个或更多维度作为X轴和Y轴的数据字段,每个数据点的位置由这两个值共同决定。还可以根据第三个维度数据大小来调整点的大小或颜色。

应用实践:散点图常用于揭示两组或多组数值变量之间的相关性或趋势。

②气泡图。

构建方法:在散点图的基础上增加了一个表示数据大小的第三维度,即通过气泡的面积大小来表示额外的数据变量。X轴、Y轴分别代表两个类别或数量属性,气泡大小反映的是第三个度量指标。

应用实践:适用于多维度比较分析。

③热力地图。

构建方法:热力图基于地理坐标系或其他二维矩阵结构,通过颜色深浅的变化来表示某一区域内数据密度或强度的分布情况。在Dycharts中,可设置经纬度数据以实现地理位置上的热度展示,也可以是其他二维数据表中的行列交叉区域。

应用实践:热力地图在零售业、房地产、交通规划等领域有广泛应用。

4)图表配置与交互性设计

(1)图表元素配置

熟悉如何添加标题、轴标签、图例、数据标签等各种图表组件,并学会调整颜色、字体、大小等样式属性,以提升图表的可读性和美观度。

(2)交互功能设置

掌握如何为图表增加下钻、滑动条、过滤器等功能,使用户能够根据需要动态探索数据的不同层次和维度,增强可视化结果的交互体验。

2.Tableau 使用

1)Tableau 简介

Tableau是一款强大的商务智能和数据分析工具,以其直观易用、交互性强以及丰富的可视化功能而著称。它支持多种数据源接入,能够进行快速的数据清洗、整合及深度分析,并提供实时、动态的仪表板创建能力。

2)数据连接与导入

(1)数据源连接

在Tableau中,可连接并导入不同格式的数据源。

(2)数据提取与实时连接

Tableau数据提取有别于实时连接,可根据需求选择合适的数据加载方式。

3)数据清洗与处理

(1)数据准备

了解Tableau中基本的数据预处理功能,如筛选、排序、分组、合并字段等操作,以及如何利用数据混合和连接功能来整合多数据源信息。

(2)计算字段与参数设置

学习创建和应用计算字段以实现复杂计算或统计分析,并熟悉参数设置。

4)图表制作与可视化探索

(1)基础图表类型

在Tableau中,基础图表类型主要包括折线图、柱形图/条形图、饼图和散点图等。

(2)创建步骤

①连接数据源:在Tableau中选择"连接到数据",导入所需的数据文件或数据库。

②拖放字段:将维度(如日期、地区、产品类别等)拖放到列或行区域,将度量(如销售额、利润等)拖放到标记卡的颜色、大小或标签等属性上。

③选择图表类型:根据需要分析的内容,通过右键点击标记卡或点击"显示"菜单选择合适的图表类型。

④调整样式与格式:设置颜色方案、字体、标题、轴标签以及图例等元素,优化图表视觉效果。

(3)高级图表与特殊功能

①地图可视化:Tableau支持地理空间数据分析,可以生成各种地图图表,包括热力地图、符号地图等,以展现数据的地理分布特点。

②双轴图:在一个视图中同时展示两个不同的度量,各自拥有独立的Y轴,用于对比分析两组相关但单位或尺度不同的数据。

③树状图、瀑布图:用以表示层次结构或流程变化,比如组织架构或项目成本的逐项分解。

④仪表板中的互动性:通过添加筛选器、参数、参考线、注释等交互元素,使用户能够动

态调整视角,进行多维度的数据探索。

（4）数据可视化探索

①快速见解:利用 Tableau 的"快速见解"功能,系统会自动识别并呈现数据集中的关键信息和模式,帮助初学者迅速找到数据的故事线。

②下钻分析:通过对层次数据的逐层深入查看,从宏观层面逐步过渡到微观细节,了解数据的不同粒度表现。

③联动:当鼠标悬停在某个数据点或图表上时,其他相关图表会同步更新,提供更全面的数据关联视图。

5)仪表板设计与交互性构建

（1）仪表板布局与组织

学会在 Tableau 中创建和编辑仪表板,包括添加多个工作表、文本对象和图片,并掌握布局容器的使用,以实现合理的信息展示结构。

（2）交互式仪表板功能

理解并运用过滤器、参数控制、下钻、联动、页面导航等功能,构建高度交互式的仪表板,帮助用户从不同维度深入挖掘数据价值。

6)分享与协作

（1）发布与分享

掌握如何将完成的分析成果发布到 Tableau Server 或 Tableau Public 平台,或将作品打包为 Tableau Reader 可读的 TWBX 文件,方便他人查看和互动。

（2）团队协作

了解 Tableau 的协作特性,例如项目协作、版本控制、评论交流等功能,从而促进团队成员间的高效沟通和协同工作。

任务实施

1.数据连接与准备

1)数据导入

打开 Tableau Desktop,点击"连接到数据"按钮,选择数据源(例如 Excel、SQL 数据库或 CSV 文件),并加载包含电商销售数据的表。连接成功后,确保所有关键字段(如日期、销售额、商品类别和地区等)都已加载。

2)数据清洗与预处理

在数据窗格中检查各个字段,对数据进行必要的清理工作,例如删除重复行、填充或替换缺失值、转换数据类型等。如果日期格式不一致,需要将其统一转换为 Tableau 可识别的日期格式。

2.Tableau仪表板构建

1)创建月度销售额变化趋势折线图

创建一个折线图,以月份为横坐标轴,销售额为纵坐标轴,直观展示过去一年每个月份的销售额及变化趋势。具体步骤如下:

(1)准备数据源与工作表

①连接数据。

启动Tableau Desktop,点击"Connect连接到数据"按钮,选择包含电商销售数据的数据库或文件(如Excel、CSV等)。Tableau对新手非常友好,其内部提供了很多可练习的样本数据,可在下栏"Sample Workbooks"选择练习。如选择Superstore.xls导入,该Excel文档里包含3个sheets,先选择Orders,如图5-13所示。

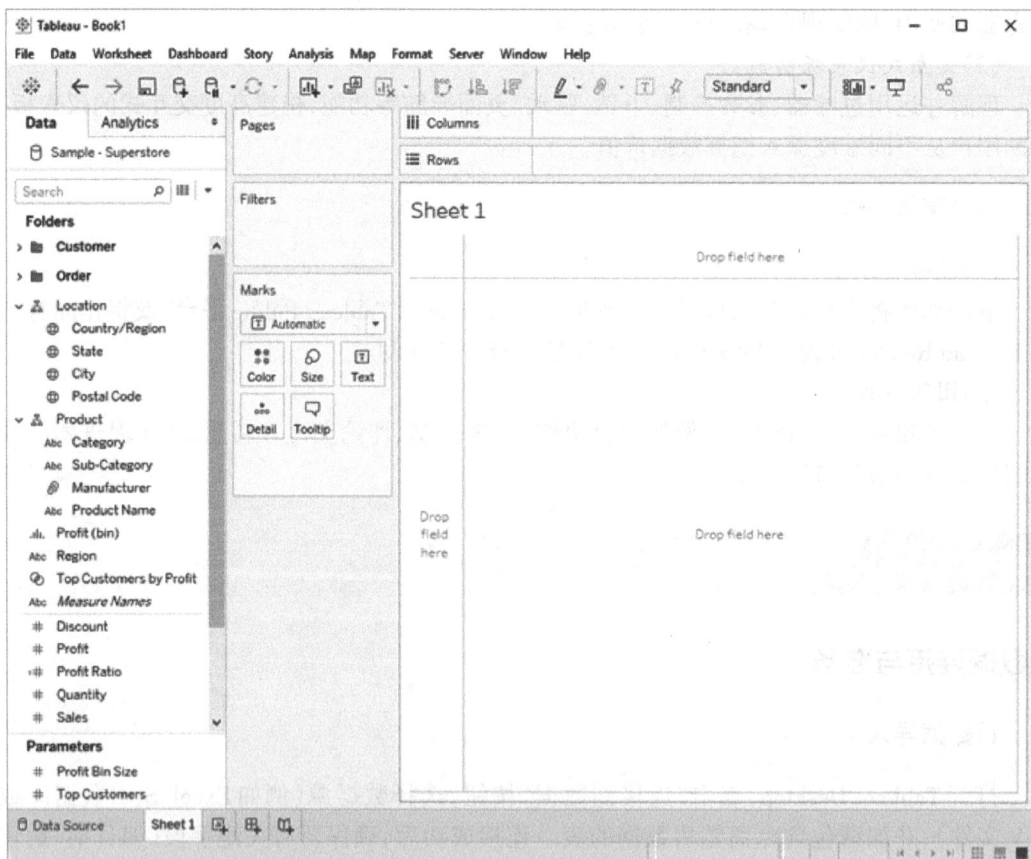

图5-13　Tableau 数据导入

②数据解释器。

打开Orders后,会发现头几行出现了奇怪数据,这时候就需要用到数据解释器(Data Interpreter),点击"Cleaned with Data Interpreter"后,奇怪的数据消失了,如图5-14所示。

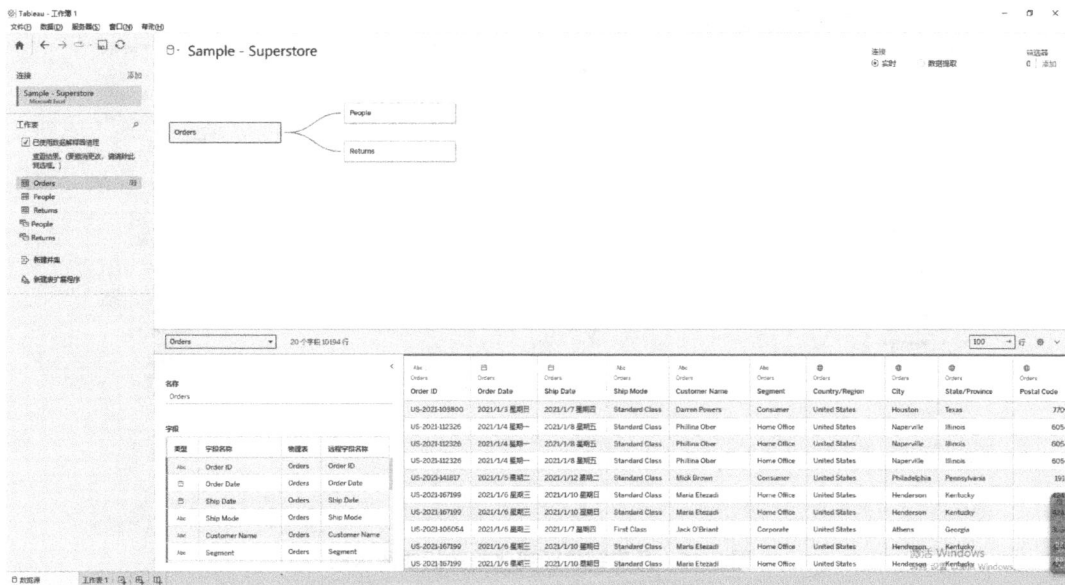

图5-14　Tableau 数据解释器处理后

Tableau会按原样导入整个工作表,但是它预计到了会有这种数据差异,因此以 Data Interpreter 的形式清洗了数据。如果想要查看 Tableau 做的修改,请单击"查看结果"(Review the results),然后在打开的 Excel 工作表中选择"Orders"。

(2)添加时间维度并调整粒度

从左侧的数据窗格中将代表订单日期或者交易时间的字段拖拽至列 shelves(即视图左上角区域),例如"订单日期"字段。右键点击"订单日期"字段,在弹出菜单中选择"转换"→"日期"→"按月"进行分组,确保时间轴显示的是每个月份的数据点。

(3)添加销售额度量

计算总销售额:将代表销售额的字段(例如"总销售额")从数据窗格拖拽到行 shelves 或者标记卡区域中的"总和"部分。这样,Tableau 会自动计算每个月份的销售额总和。

通过将"度量"和"维度"拖到不同的 shelves 上,简单的可视化就形成了!

在将字段拖入可视化区域后,Tableau 会自动创建默认图形/图表,若不满意,可以在"Show Me"里选择更合适的图表。并非所有图形都可以使用"尺寸"或"度量"组合制作,每个图对于可使用的字段数量和类型都有约束条件。

(4)转换为折线图

切换图表类型:在顶部菜单栏的"可视化"区域找到并点击折线图图标(通常是一条曲线形状的图标)。此时,工作区中的数据将以折线图的形式展现出来,表示月度销售额随时间的变化趋势。

拖拽订单日期到列、销量到行,然后再将利润拖到销量轴,将这个步骤应用到月度销量上,将订单日期从"年"改为"月",如图5-15所示。

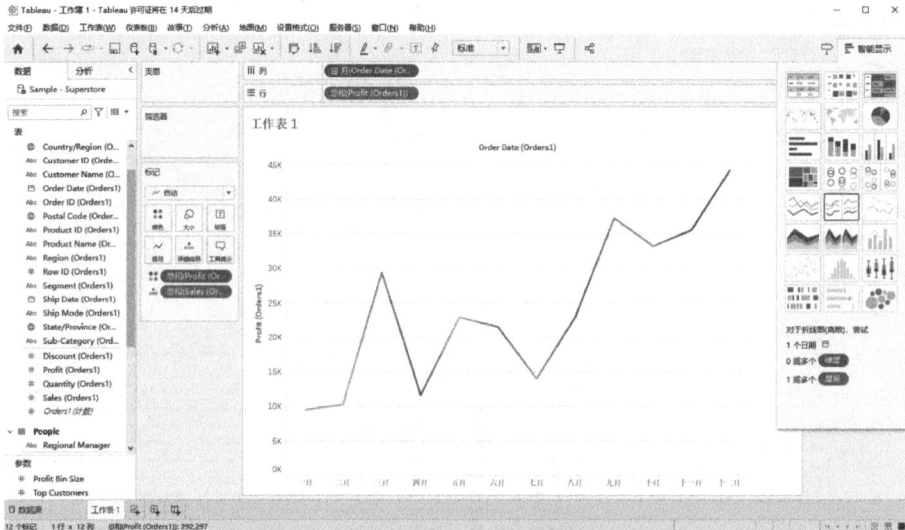

图5-15　月度销售额变化趋势折线图示例

(5)格式化和优化图表

添加标题与标签:在"分析"选项卡中设置水平轴(时间轴)标题为"月份",垂直轴(销售额轴)标题为"销售额(万元)",确保每个轴上的刻度值合理且易于阅读。

数据标签与工具提示:勾选"标记"卡下的"标签"选项,让每个数据点旁边显示具体的销售额数值。同时启用工具提示(Tooltip),当鼠标悬停在折线上时,显示该时间点的详细信息,包括日期和对应的销售额。

样式调整:根据需求调整线条颜色、宽度、透明度以及背景色等视觉元素,以增强图表的可读性和专业性,如图5-16所示。

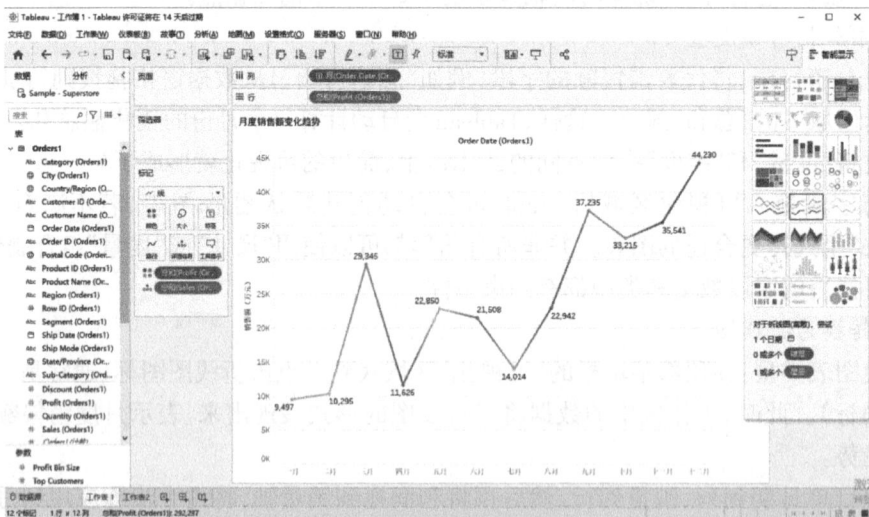

图5-16　月度销售额折线图

通过以上详细步骤,可以直观地了解如何使用Tableau创建一个清晰展示电商月度销售额变化趋势的折线图,从而辅助业务决策。

2)制作各类商品销售比例饼图

通过饼图展现各类商品在整个销售中的占比情况,使得管理层可以快速了解哪些商品类别是主要的营收来源。

（1）准备数据源与新建工作表

在Tableau Desktop中,确保已经连接了包含电商销售数据的数据源,并且数据集里有商品类别和销售额字段。

（2）添加商品类别维度与销售额度量

将代表商品类别的字段（例如"商品类别"）拖放到行shelves或者详细信息区域,这样会将不同类别的销售额作为区分的主要依据。

将销售额字段（例如"总销售额"）拖放到列shelves或者标记卡区域,并选择"角度"属性。在饼图中,角度大小将对应各个类别的销售额占比。

（3）转换为饼图

在顶部菜单栏的"可视化"区域,找到并点击饼图的图标,将当前视图转换为饼图形式。

（4）格式化与优化饼图

添加标签与标题:为饼图设置合适的标题,如"各商品类别销售占比"。启用或自定义标签显示,使得每个扇区内部或外部显示商品类别及其对应的销售额百分比。

颜色与样式:调整饼图的颜色方案以区别不同的商品类别,并根据需要修改线条宽度、透明度等样式参数,让饼图更易于理解和美观。

工具提示与交互性:开启工具提示（Tooltip）,当鼠标悬停在饼图上的某个扇区时,自动显示该商品类别的名称以及详细的销售额数据。此外,可以考虑使用筛选器或者动作来实现与其他视图的联动效果。各商品类别销售占比如图5-17所示。

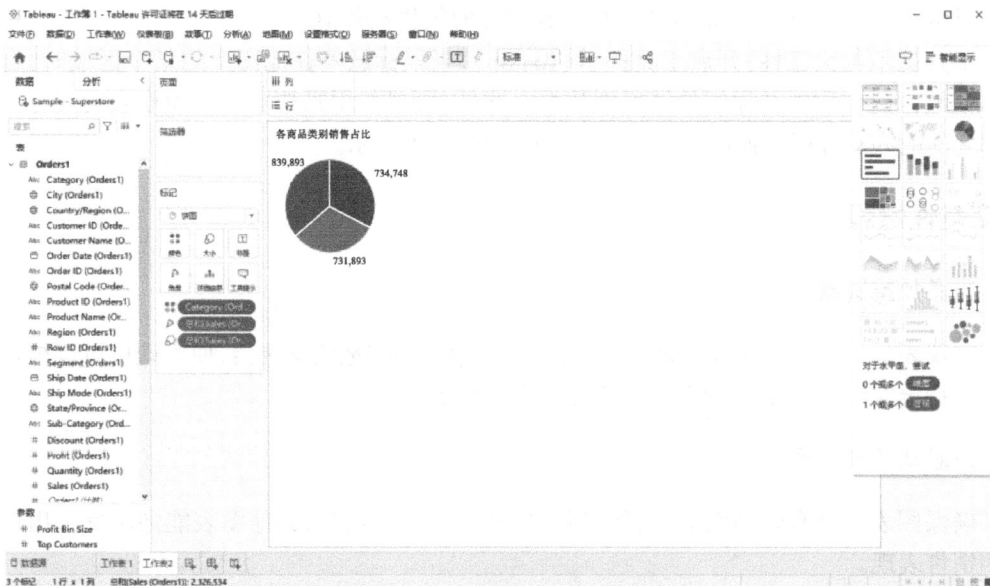

图5-17　各商品类别销售占比示意图

通过以上步骤,能够利用Tableau制作出清晰展示各商品类别销售比例的饼图,有助于公司管理层了解各类商品在整体销售中的地位和贡献度。

3)构建各地区销售热度地图热力图

使用地理信息功能,生成地图热力图,颜色深浅代表不同地区的销售热度,便于分析各区域销售业绩的强弱。

(1)准备数据源与新建工作表

确保电商销售数据中包含了地理信息字段(例如"客户地区"或"省份/城市")以及销售额字段。在Tableau Desktop中,打开已连接的数据源并创建新的工作表。

(2)添加地理信息字段

将代表地理位置的字段拖拽到列shelves或者详细信息区域。如果是国家、省/市等行政区域级别的数据,Tableau会自动识别并将其转换为地理坐标,用于在地图上显示。

(3)添加销售额度量

把销售额字段(如"总销售额")拖放到行shelves或者标记卡区域中的颜色属性。这样,销售额的大小将决定地图上各个区域的颜色深浅,形成热力图效果。

(4)转换为地图视图并选择热力图

在顶部菜单栏的"可视化"部分,点击地图图标(地球形状),将当前视图转换为地图。进一步选择地图类型为热力图,此时各个地区的颜色会根据其对应的销售额高低变化。

(5)格式化与优化地图热力图

调整颜色色阶:设置颜色范围和渐变以直观反映销售额从低到高的分布情况,确保用户能够一眼看出哪个地区的销售热度最高。

添加标题与标签:为地图设置合适的标题,比如"各地区销售热度分布"。启用或自定义标签显示,以便于查看每个地区的名称及其对应的销售额数值。

工具提示与交互性:开启工具提示(Tooltip),当鼠标悬停在地图上的某个区域时,自动显示该地区的名称以及详细的销售额数据。此外,可以使用筛选器或者动作来实现与其他视图之间的联动分析。各地区销售热度分布如图5-18所示。

3.交互性增强

1)添加筛选器

在仪表板上设置时间范围筛选器、商品类别筛选器和地区筛选器,使管理层可以根据需要选择特定时间段、商品或地区,动态调整视图内容。

2)联动效果实现

确保图表间具有联动效应,例如,当选择某一商品类别时,其他图表能同步反映出该类别的销售表现。

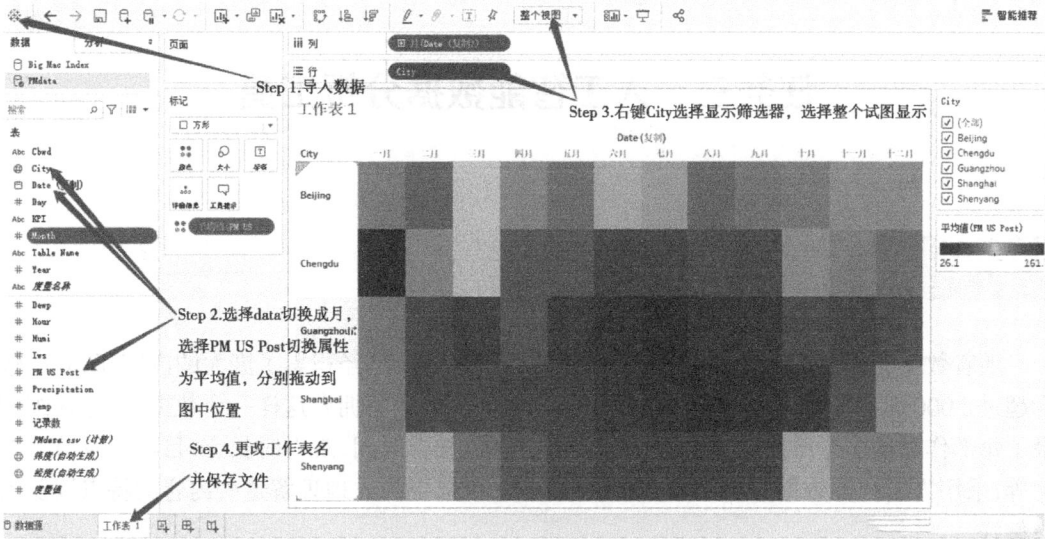

图5-18　各地区销售热度分布示意图

任务三　人工智能数据分析工具

随着数字化娱乐产业的蓬勃发展,流媒体巨头Netflix已经积累了庞大的内容库,其中包含超过8 000部各具特色的电影和电视作品。假如我们手头拥有这样一个数据集,它详细记录了每部作品的多个维度信息,如导演、主演、评级、发布时间、观看时长、节目类型及节目描述等,采用人工智能数据分析工具分析该数据集,可以更深入地理解这些内容的特点以及用户偏好。

任务描述

任务目标:

借助GPT助手提供的智能建议和自动化脚本生成能力,优化Tableau数据分析过程。在面对更复杂的预处理需求或特定算法应用时,能够通过OpenAI的Code Interpreter编写和执行代码片段,进一步探索和分析数据集。

任务要求:

根据学生能力,选择一个具有代表性的业务数据集,将其导入Tableau中,并利用其内置功能完成初步的数据概览和探索性分析。设计并创建至少3个有洞察力的数据可视化图表,并在一个交互式的仪表板上集成这些图表,展示关键业务指标和发现。针对数据集中存在的特定问题或假设,利用OpenAI的Code Interpreter编写Python或其他支持的语言代码,实现定制化的数据转换、统计分析或机器学习模型应用。

任务评价:

通过可视化效果是否清晰、直观且有助于理解业务状况,来评价数据处理和可视化的质量。通过Tableau和Code Interpreter的使用程度,来评价创新性。

注意事项:

使用OpenAI的Code Interpreter时,注意代码的可读性和效率,避免冗余操作,并确保结果准确性。在整个分析过程中,保持对业务背景的理解和关注,确保所有的分析工作紧密贴合实际业务需求。同时,充分记录每一步骤的操作和思考过程,以便回顾和分享。

1.Tableau+GPT 使用

1)认识GPT

GPT 是 Generative Pre-trained Transformer 的缩写,即生成式预训练 Transformer 模型,GPT-4 已成为目前业界最先进的语言生成模型之一。GPT 的发展历程如图5-19所示。

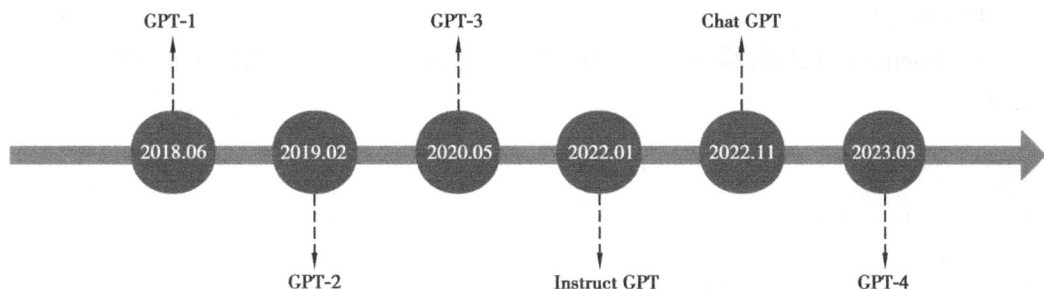

图5-19　GPT的发展进程

ChatGPT是一种专注于对话生成的语言模型,它能够根据用户的文本输入,产生相应的智能回答。通过学习大量现成文本和对话集合,ChatGPT能够像人类那样即时对话并流畅回答各种问题。

GPT的工作过程可以简单分为4步。

第1步输入处理,即把输入转化为向量。

第2步捕捉特征,即把向量传递给 Transformer 模型,神经网络捕捉它们的特征和关系。

第3步理解上下文,即自注意力机制,使模型关注输入中的不同部分,理解它们之间的关系。

第4步生成内容,即根据已经生成的文本和输入,生成最可能的词。

（1）GPT的强大生产力

利用GPT模型,可以在多个领域实现多种功能。这些功能包括但不限于文本生成与创作、代码开发辅助、智能客服与聊天机器人、翻译服务、教育辅导、AI助手等。

（2）GPT注册及使用

首先注册一个国外的邮箱,如 Google 邮箱或 Proton 邮箱;然后注册 OpenAI 账号,如果是 Google 邮箱,可以直接登录 ChatGPT;最后是 GPT plus 付费充值,完成此步,就可以使用目前最新版本的GPT了。

2)GPT插件 Code Interpreter 的使用

Code Interpreter 是 ChatGPT 最新的插件之一,其主要功能是代码解释器。

（1）数据处理与分析

这是Python非常强大的能力。而现在Code Interpreter这个代码解释器继承了这个能力，所以它能够高效地处理各种数据清洗，转换和分析的任务。

（2）数学和科学计算

Code Interpreter代码解释器可以执行各种数学和科学计算，并生成各种图表和可视化的效果，线性代数、傅里叶变换、概率论、微积分等效果应有尽有。

（3）机器学习

Python在机器学习方面可以说是绝对的厉害。现在有了代码解释器的加持，机器学习和人工智能将会让普通人更加容易接触这方面的内容。

（4）文本处理

Code Interpreter代码解释器可以进行各种文本处理，包括PDF、TXT、Json、HTML的文件的处理。

任务实施

1.安装Code Interpreter

目前ChatGPT的代码解释器(Code Interpreter)的使用前提是要有ChatGPT Plus账号。

登录ChatGPT以后，点击左下角用户名右边的3个点形状的按钮，打开ChatGPT的设置窗口。在新打开的窗口中，点击左侧的"Beta features"，然后把右侧下方的Code Interpreter切换到打开状态。关闭窗口，把鼠标悬停在ChatGPT主界面上方的"GPT-4"按钮上，然后在弹出的下拉菜单里选择"Code Interpreter"。这样就成功激活了Code Interpreter。

2.数据清理和预处理

ChatGPT的一个缺陷是无法直接上传文件，必须通过网页连接或者第三方插件才能读取文件。然而有了代码解释器(Code Interpreter)，就可以直接上传数据文件了。它支持512 M以内的文件上传，并且上传前还可以解压缩。

3.GPT初步分析

Code Interpreter不仅为人们分析了数据，展示了分析过程，同时还输出了代码。对于会Python代码的人来说，会更加清楚Code Interpreter进行数据分析的底层逻辑。不懂代码也没关系，Code Interpreter为每一行都添加了注释。

通过以上代码和注释，会发现ChatGPT其实在解压缩文件这个环节也是用了Python的os和zipfile库。其实并未让它解压缩，一切都是自动运行的。接下来它读取了各列的名称，并用它的理解对各个列名进行了诠释。

4.探索性数据分析(EDA)

Code Interpreter告诉人们下一步它将探索数据。

我们回复:作为一个专业的数据分析师,请自己做出决定。

它这样回复:好吧,让我们从探索数据的一般方面开始。以下是我们可以采取的几个步骤。

①类型分布(电影与电视节目):这可以让人们了解到Netflix上最普遍的那种内容。

②逐年增加的内容:这项分析可以让人们看到Netflix上增加的内容随时间推移的趋势。

③按国家划分的内容生产:这可以告诉人们哪些国家是Netflix上的主要内容生产国。

让我们从类型的分布开始(电影与电视节目)。

从图5-20可见,数据集中的电影比电视节目多,表明Netflix的电影收藏量比电视节目多。

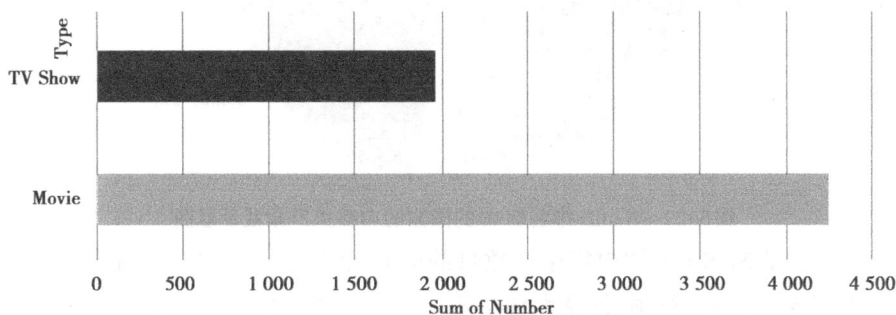

图5-20　Netflix 的电影与电视收藏量

接下来,分析一下这些年Netflix上内容的增加趋势。要做到这一点,首先需要从date_added列中提取年份。注意,目前的数据是一个字符串,所以要把它转换成日期时间格式,然后再提取年份,如图5-21所示。

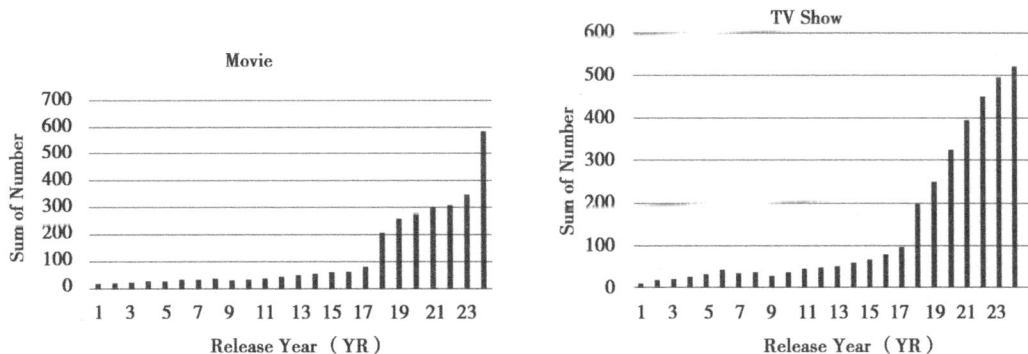

图5-21　Netflix 内容上映年份提取示意图

图5-21显示了每年添加到Netflix的电影和电视节目的数量。可以看到多年来内容增加的明显趋势,2018年前后,电影数量的增长趋势显著增强,每年增加的电视节目数量也在稳步增加。2022—2023年,增加的内容有一个特别明显的上升。

接下来,看看哪些国家生产的内容最终出现在Netflix上。由于一些节目列出了多个国家,就需要将这些条目拆分,以获得准确的计数。为了这次分析的目的,只需考虑前10个国家,这10个国家的Netflix内容生产数量如图5-22所示。

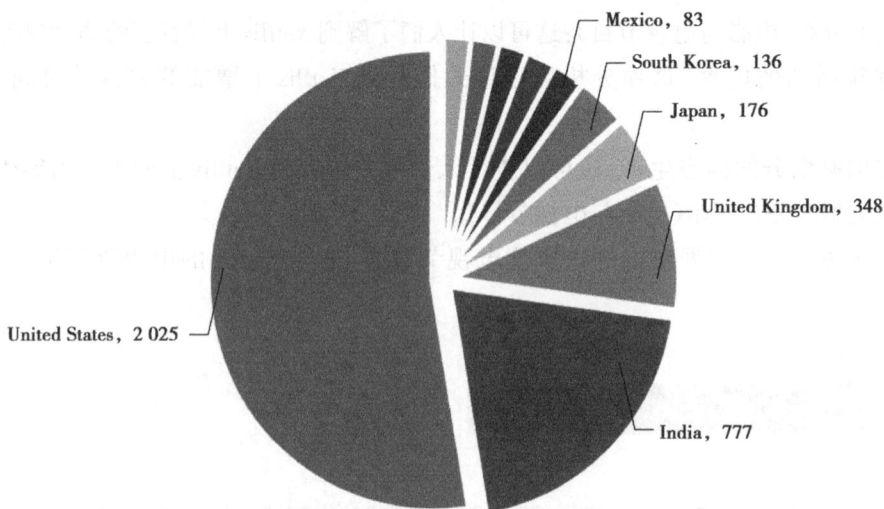

图5-22 Netflix排名前10的国家的内容生产数量示意图

图5-22显示了Netflix上的内容生产数量的前10个国家。从图5-22中得知,美国是最大的生产国,其次是印度、英国、加拿大和法国。探索性数据分析到此结束。这些见解使人们对数据集和Netflix上的内容类型有了很好的了解。

任务四 其他数据分析工具与软件概览

1.其他常见数据分析工具概览

当谈到数据分析工具和软件时,市场上有许多选择,每个工具都有其独特的特点和适用场景。除了前述的 Excel、Tableau、Power BI 外,Python、R 语言、SAS 等数据分析工具也被广泛运用,都有其特定的优势和适用场景,根据具体的需求和任务,选择合适的工具进行数据分析和处理是非常重要的。

1)Python

Python 是一种流行的编程语言,具有丰富的数据科学工具包,如 Pandas 用于数据处理、NumPy 用于数值计算、Matplotlib 和 Seaborn 用于数据可视化等。这些工具包提供了丰富的功能,适用于各种数据分析和建模任务。Python 适用于复杂的数据分析和建模,支持大规模数据处理和机器学习任务。

2)R 语言

R 语言是另一种常用于数据分析和统计建模的编程语言,它拥有许多强大的数据分析包,如 dplyr 用于数据操作和转换、ggplot2 用于数据可视化等。R 语言和其相关包可以满足各种数据分析需求。R 语言适用于统计建模、数据可视化、数据挖掘等领域,特别适合于统计分析和学术研究。

2.Python 作为主要编程语言的案例数据分析

同样以任务三中的 Netflix 案例为例,不同的是使用 Python 进行数据分析,以下是主要的实施过程。

(1)加载数据集

使用 Pandas 库读取 Netflix 内容数据集 CSV 文件,代码如图 5-23 所示。

```Python
1    import pandas as pd
2    netflix_data = pd.read_csv('netflix_dataset.csv')
```

图 5-23 数据读取

(2)数据清洗与预处理

检查缺失值并选择合适的填充方法或删除含有过多缺失值的行,代码如图 5-24 所示。

Python

```
1   netflix_data.dropna(subset=['director','rating','release_date','genre'],inplace=True)
2   # 或者使用fillna()方法填充缺失值
```

图5-24 数据缺失值处理

将非数值型变量转换为适当类别,并对日期字段进行处理,代码如图5-25所示。

Python

```
1   netflix_data['release_date'] = pd.to_datetime(netflix_data['release_date'])
```

图5-25 非数值型变量处理

(3)基本统计信息计算

对数值型和类别型数据统计信息计算,代码如图5-26所示。

Python

```
1   netflix_data.describe( include='all' )   # 对数值型和类别型数据做基础统计
```

图5-26 数据统计信息计算

(4)可视化分析

类型偏好分析:按节目类型分组并计算数量,然后绘制条形图,代码如图5-27所示。

Python

```
1   genre_counts = netflix_data['genre'].value_counts()
2   plt.figure(figsize=(12,6))
3   sns.barplot(x=genre_counts.index, y=genre_counts.values)
4   plt.title("Netflix节目类型分布")
```

图5-27 类型偏好分析

导演或演员影响力:绘制导演/演员与其作品的观看时长的箱线图或者小提琴图,人物影响力分析代码,如图5-28所示。

Python

```
1   plt.figure(figsize=(12,6))
2   sns.boxplot(x='director', y='watch_time_minutes', data=netflix_data)
3   plt.title("不同导演作品的观看时长分布")
```

图5-28 人物影响力分析

项目小结

　　本项目通过实践任务,系统介绍了商务数据分析技术,从基础 Excel 操作延展至与 Power BI 集成的商业智能分析,深入挖掘数据价值。同时还介绍了 Dycharts 和 Tableau 等专业可视化工具,实现动态展示及交互式探索,提升数据叙事能力。紧跟 AI 潮流,课程整合了 GPT 等人工智能技术与 Tableau 使用,借助 OpenAI Code Interpreter 等工具优化分析过程,提高问题解决效率。此外,项目还为学生提供广泛的数据分析工具概览,培养他们在不同商务场景下灵活选择合适分析手段的能力。最终目标是构建涵盖基础技能、高级可视化到 AI 应用的综合数据分析能力体系,确保学生能应对商务数据分析的各种复杂挑战。

思考与练习

　　1.设计一个小型商务案例,用 Excel 整理数据并初步分析,然后在 Power BI 中创建一个互动仪表板,包含至少3种图表类型,并利用切片器或筛选器发现业务秘密。

　　2.选择 Dycharts 或 Tableau,设想如何展示销售变化和区域差异。确定适合的图表类型,并设计如何让使用者通过交互功能更好地理解数据。

　　3.探索 Tableau 中如何借助自动化工具(如智能生成摘要)来提高数据分析报告的质量。

　　4.对比 Excel、Python pandas 或 Tableau、Google Data Studio 等工具,简述它们处理不同数据时各自的优缺点,并为简单或复杂商务问题推荐合适工具。

　　5.使用真实企业数据,完成从数据获取到可视化的全流程任务,至少结合两种工具进行操作,尝试加入 AI 辅助决策元素,最后提交一份简洁明了的数据分析总结报告。

项目六
商务数据分析应用

◇**学习目标**

知识目标：
· 熟悉市场分析、产品分析、运营分析、客户分析的基本框架和方法与工具。
· 了解不同类型商务数据分析的应用场景和案例分析,提高理论知识的实际应用能力。

技能目标：
· 能够运用数据分析工具进行市场趋势预测和消费者行为分析。
· 能够通过产品数据分析,提出改进产品设计和优化的建议。
· 能够运用运营数据分析,提高运营效率和成本控制能力。
· 能够通过客户数据分析,提升客户满意度和忠诚度。

素养目标：
· 强调数据分析在商业决策中的重要性,培养学生的战略思维和全局观念。
· 培养学生的职业素养和协作精神,增强数据思维和创新精神,提高解决实际问题的能力。
· 引导学生关注商业伦理和社会责任,确保数据分析的合法性和道德性。

◇**项目描述**

随着大数据时代的到来,商务数据分析在企业的运营、管理、决策等方面都有着越来越广泛和精细的应用,已成为企业拓展市场、优化产品设计、提高运营效率、提高客户满意度,乃至是制定战略决策的重要工具。

本项目通过模拟企业的市场、产品、运营和客户等方面的商务场景,不仅能够帮助学生巩固和深化所学的商务数据分析理论知识,还能够帮助学生通过综合运用所学的数据分析理论和方法,解决实际问题,提高实践能力,为未来的职业生涯打下良好基础。

任务一　市场分析

案例导入

　　MN公司是一家主营婴童服装等母婴产品的研发、生产和销售的企业,其主要销售渠道为通过电商平台的线上销售,也在公司所在城市开设了一家专卖店,这家专卖店也发挥了电商平台线上销售的线下体验店功能。公司成立10年来,前期销售业绩一直处于较快的增长状况,但近3年来的销售业绩却出现了增速放缓,甚至出现下滑的趋势。假如我们接受了该公司的委托(本项目项下的市场分析、产品分析、运营分析和客户分析等4个案例分析的主体,均将使用这个MN公司),对婴童服装的主营产品进行市场分析,为公司提供市场趋势和竞争态势方面的专业建议。

任务描述

任务目标:

　　全面理解市场分析在商务数据分析中的重要作用,掌握市场分析的核心内容和方法技术,能够运用所学知识对市场环境、竞争态势、市场风险与市场机会等进行深入分析,为企业制订市场策略提供数据支持和决策依据。

任务要求:

　　掌握市场分析的基本概念,理解市场分析的主要领域。熟悉市场分析所需的数据来源和数据类型,掌握市场分析的基本方法和技术工具,理解各种方法和技术的适用场景及优缺点。完成实践操作,如选择具体行业或市场领域,收集相关的市场数据,运用所学方法和技术进行市场分析,并基于分析结果,提出针对性的市场策略建议。能够完成报告撰写与展示。

任务评价:

　　通过学生对市场分析内容的理解程度,以及对市场分析方法和技术的掌握情况,来评价学生的知识掌握程度。通过评估学生数据收集的完整性和准确性、分析方法的合理性和适用性、报告撰写质量与展示情况等完成市场分析实践操作任务的能力,来评价学生的实践操作能力。

注意事项:

　　在进行市场分析时,要确保所使用的市场数据的真实性、准确性和完整性。在选择市场分析方法和技术工具时,应当注意适用性。在撰写市场分析报告时,应注重报告的客观性与专业性,同时符合商务数据分析的专业规范和要求。

知识准备

1.市场分析的内容

市场分析是商务数据分析的重要组成部分,是企业制订市场战略和决策的基础,通过对市场数据的深入挖掘和分析,为企业提供关于市场趋势、竞争格局、消费者行为及潜在机会等方面的洞察,从而帮助企业制订更为精准的市场战略和决策,赢得市场竞争的主动性。

市场分析的内容主要包括市场趋势分析、竞争状况分析、市场细分与目标市场分析、市场风险分析、市场机会分析等方面。

1)市场趋势分析

通过收集历史销售数据、市场研究报告和行业统计数据,分析市场的总体趋势,包括市场规模及其增长情况、消费者需求的变化等。这有助于企业了解市场的动态,预测未来的市场走向,从而制订相应的市场策略。

2)竞争状况分析

收集竞争对手的销售数据、市场份额、产品特点、营销策略等信息,对竞争对手进行深入剖析。通过对比分析,了解竞争对手的优势和劣势,评估自身的竞争地位,为企业制订竞争策略提供参考。

3)市场细分与目标市场分析

基于消费者数据,按照年龄、性别、收入、职业、地理位置等不同分类标准,将市场细分为不同的子市场,评估各子市场的潜力和吸引力。选择与企业战略和资源相匹配的目标市场,制订针对性的营销策略和产品方案。

4)市场风险分析

分析市场数据,识别潜在的市场风险(如需求波动、竞争加剧、政策变化等市场风险),评估各风险的发生概率和影响程度,制订针对性的风险应对策略(如风险规避、风险降低、风险转移等应对策略),降低市场风险对企业的影响。

5)市场机会分析

通过分析市场趋势、消费者需求变化、技术进步等因素,发现新的市场机会和潜在的增长点。这有助于企业拓展新的业务领域,提高市场份额和盈利能力。

2.市场分析的方法与技术

应用商务数据进行市场分析时,常用的方法有描述性统计分析等数据分析方法、调查问卷等市场研究工具、关联分析等数据挖掘技术、图表和图形等数据可视化技术。这些方法和技术可以单独使用,也可以结合使用,以获取更全面和深入的市场洞察。选择何种方法和技术取决于具体的数据类型、分析目的和可用资源。

1)数据分析方法

(1)描述性统计分析

通过统计数据的描述性指标(如均值、中位数、众数、方差等)来概括和描述数据的基本特征。

(2)推断性统计分析

基于样本数据推断总体的特征,如使用置信区间和假设检验等方法。

(3)预测分析

利用时间序列分析、回归分析等方法,根据历史数据预测未来的市场趋势和销售额。

(4)定性分析

通过深入访谈、观察等方法,收集非数值型数据,如消费者的感受和态度。

(5)定量分析

基于大量的数值型数据,运用统计分析和数据挖掘技术,得出客观的结论和预测。

2)市场研究工具

①调查问卷:通过设计问卷收集消费者的意见、偏好和行为数据。

②焦点小组:组织一组消费者进行讨论,了解他们的需求和观点。

③竞争对手分析:收集和分析竞争对手的数据,了解他们的优势和劣势。

3)数据挖掘技术

(1)关联分析

发现数据项之间的有趣关系,如消费者购买A产品后,往往也会购买B产品。

(2)聚类分析

将相似的数据点分组,如根据消费者的购买行为和偏好进行市场细分。

(3)序列模式挖掘

发现数据中的时间序列模式,如消费者购买的周期性行为。

4)数据可视化技术

(1)图表和图形

使用条形图、折线图、饼图等图表展示数据,使数据更易于理解和解释。

(2)数据仪表盘

通过数据仪表盘实时监控市场数据,快速发现市场变化和趋势。

任务实施

1.确定市场分析的具体内容

基于MN公司的委托任务,针对其主营产品婴童服装及其所在的行业与赛道,开展市场趋势分析和竞争状况分析。通过对市场趋势的分析,获得婴童产品市场和婴童服装产品市场的市场规模及其增长情况、消费者需求的变化等市场总体趋势的信息,帮助MN公司更好地了解市场动态,预测发展趋势,进而调整和优化其市场策略。通过对竞争状况的分析,了解主要竞争对手的优势和劣势,评估MN公司自身的市场地位,为其提供改善竞争策略的专业建议。

2.选择分析方法与开展市场分析

1)数据采集

(1)采集并清理市场趋势分析所需的商务数据

通过收集相关市场研究报告和行业统计数据,并经过数据清理,得到了2019—2023年度的婴童产品市场(婴童市场通常包括婴童产品市场和婴童服务市场;本分析数据仅为婴童产品市场相关数据)和婴童服装产品市场的规模数据,详见表6-1。

表6-1　2019—2023年度中国婴童产品市场规模统计表

序号	项目	2019年	2020年	2021年	2022年	2023年
1	婴童产品市场规模/万元	19 630 000	2 0370 000	21 420 000	22 960 000	2 4390 000
2	婴童服装产品市场规模/万元	2 327 000	2 382 000	2 428 000	2 432 000	2 461 000

通过收集MN公司的历年销售数据,并经过数据清理,得到了2019—2023年度MN公司的销售总额、婴童服装产品销售额与销售量、线上销售总额和婴童服装产品线上销售额的数据,详见表6-2。

表6-2　2019—2023年度MN公司销售数据统计表

序号	项目	2019年	2020年	2021年	2022年	2023年
1	销售总额/万元	6 256	7 460	8 507	8 320	9 135
2	婴童服装产品销售额/万元	4 694	5 971	7 061	7 238	7 673
3	婴童服装产品销售量/万套	16.76	16.91	21.73	22.07	22.56
4	线上销售总额/万元	5 818	6 788	7 486	7 070	7 491
5	婴童服装产品线上销售额/万元	4 306	5 347	6 210	6 122	6 292

(2)采集并清理市场竞争分析所需的商务数据

通过收集区域主要竞争对手XY公司(专营婴童服装产品生产销售,销售渠道为电商平台线上销售,2021年启动了短视频和直播带货等新型线上销售模式)的企业官网,并经过数据清理,得到了XY公司2019—2023年度的销售总额和销售量的数据,详见表6-3。

表6-3　2019—2023年度XY公司销售数据统计表

序号	项目	2019年	2020年	2021年	2022年	2023年
1	销售总额/万元	6 190	6 864	7 850	8 743	9 655
2	婴童服装产品销售量/万套	21.34	22.43	24.15	27.76	31.35
3	短视频和直播带货销售额/万元	0	0	86	953	1327

2)理解数据

理解数据,即研判已采集的数据可用于解决什么问题,详见表6-4。

表6-4　MN公司市场分析数据理解

序号	已采集数据指标	可以分析的问题
1	中国婴童产品市场规模	分析国内婴童产品的市场规模和增长情况等总体趋势
2	中国婴童服装产品市场规模	分析国内婴童服装产品的市场规模和增长情况等总体趋势
3	MN公司销售总额	分析公司自身的整体销售情况及其增长情况、市场份额、竞品分析
4	MN公司婴童服装产品销售额	分析公司自身的主营产品销售额及其增长情况、市场份额、竞品分析
5	MN公司婴童服装产品销售量	分析公司自身的主营产品销售量及其增长情况、市场份额、竞品分析
6	MN公司线上销售总额	分析公司自身的各渠道销售情况及其增长情况、竞品分析
7	MN公司婴童服装产品线上销售额	分析公司自身的主营产品主渠道销售情况及其增长情况、竞品分析
8	XY公司销售总额	分析主要竞争对手的整体销售情况及其增长情况、市场份额
9	XY公司婴童服装产品销售量	分析主要竞争对手的整体销售量及其增长情况、市场份额
10	XY短视频和直播带货销售额	分析主要竞争对手利用新型线上渠道的销售量及其增长情况

3)提出问题

提出问题,就是把市场分析的目标进行具体化、具象化。因此,基于已有数据集和对数据的理解,采用多维度分析方法,从市场趋势分析和市场竞争分析两个角度,梳理出分析思路,如图6-1所示。

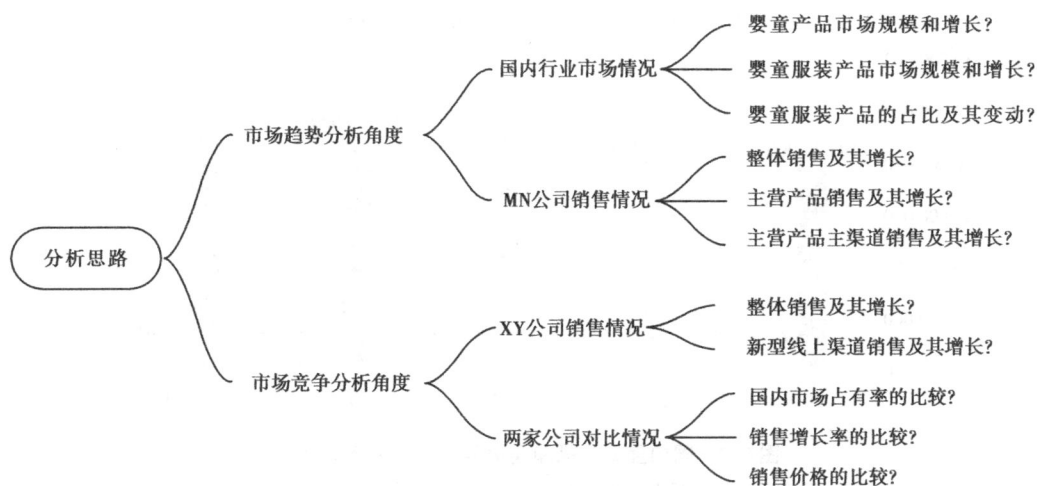

图6-1 MN公司市场分析思路

根据分析思路,提出在本次市场分析活动中需要分析的问题如下。

①国内婴童产品和婴童服装产品的市场规模和增长情况等总体趋势如何?国内婴童服装产品在婴童产品市场的占比及其变动情况如何?

②MN公司的整体销售情况及其增长情况如何?在国内婴童服装产品的市场占有率是多少?

③MN公司的主营产品销售额和销售量及其增长情况如何?主营产品销售额在销售总额中的权重是多少?销售单价及其变动情况如何?

④MN公司的销售主渠道(即电商平台线上销售)的销售情况及其增长情况如何,其在销售总额中的占比如何?主营产品主渠道的销售情况及其增长情况如何,其在主营产品销售额和线上销售总额中的权重分别是多少?

⑤XY公司的销售总额和销售量及其增长情况如何?

⑥XY公司利用短视频和直播带货等新型线上渠道的销售额及其增长情况如何?这些新型线上销售渠道对其公司整体销售业绩的贡献情况如何?

⑦对比MN公司和XY公司,在国内婴童服装产品的市场占有率方面,比较情况如何?在年度销售额、销售量的复合增长率方面,比较情况如何?在年度销售单价方面,比较情况如何?

4)选择分析方法与构建模型及数据可视化

以Excel为基本数据分析工具,采用以动态数列分析法为主的多维度分析方法。

①分析国内婴童产品和婴童服装产品的市场规模和增长情况、国内婴童服装产品在婴童产品市场的占比及其变动情况。国内婴童产品和婴童服装产品的市场规模,如图6-2所示。

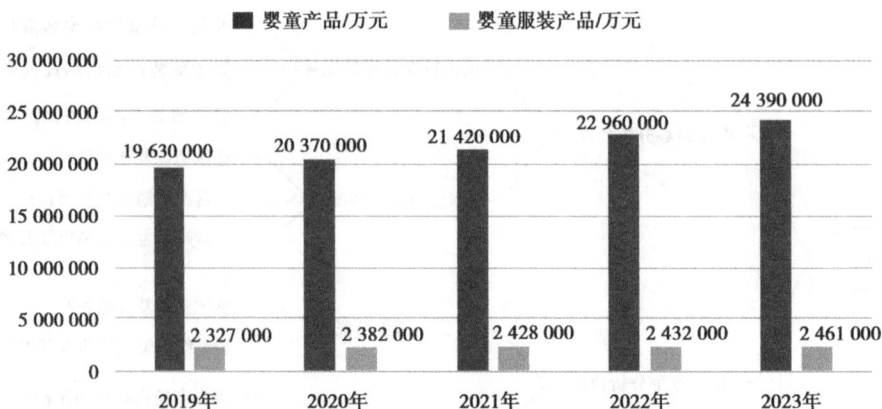

图6-2　国内婴童产品和婴童服装产品市场规模

国内婴童产品和婴童服装产品销售额的年度增长率,如图6-3所示。

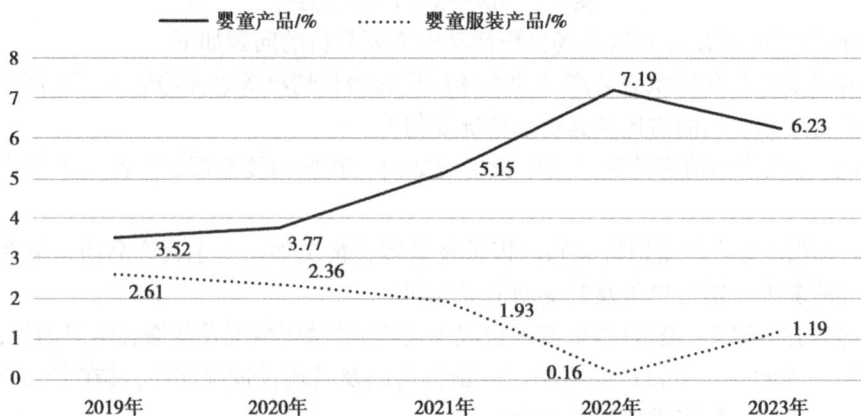

图6-3　国内婴童产品和婴童服装产品销售额年度增长率

国内婴童服装产品销售额在婴童产品的占比,如图6-4所示。

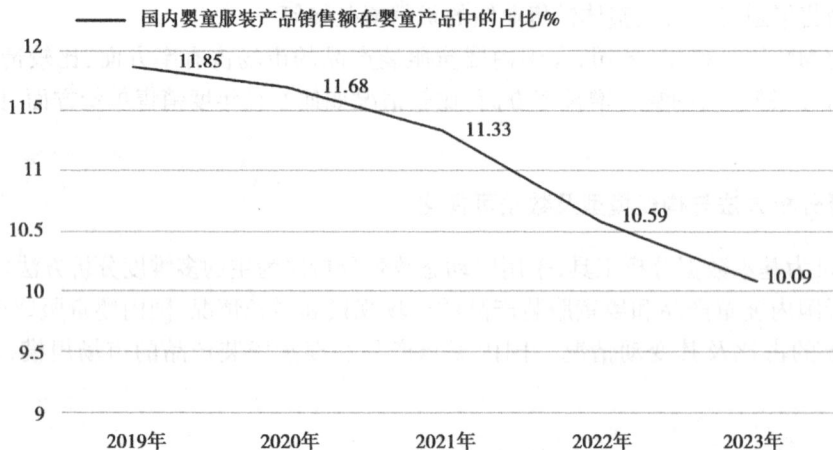

图6-4　国内婴童服装产品销售额在婴童产品中的占比

②MN公司的整体销售情况及其增长情况如何？在国内婴童服装产品市场的市场占有率是多少？

MN公司的销售总额及其增长率、在国内婴童服装产品市场的市场占有率,详见表6-5。

表6-5　2019—2023年度MN公司销售总额与市场份额分析表

序号	项目	2019年	2020年	2021年	2022年	2023年
1	销售总额/万元	6256	7460	8507	8320	9135
2	销售总额增长率/%	26.69	19.25	14.03	−2.20	9.80
3	国内婴童服装产品市场占有率/%	0.27	0.31	0.35	0.34	0.37
4	市场份额变动情况(±BP)	+5BP	+4BP	+4BP	−1BP	+3BP

③MN公司的主营产品销售额和销售量及其增长情况如何？主营产品销售额在销售总额中的权重是多少？销售单价及其变动情况如何？

婴童服装产品销售额和销售量及其增长率、婴童服装产品销售额在销售总额中的权重、销售单价及其变动情况,详见表6-6。

表6-6　2019—2023年度MN公司主营产品销售分析表

序号	项目	2019年	2020年	2021年	2022年	2023年
1	婴童服装产品销售额/万元	4 694	5 971	7 061	7 238	7 673
2	婴童服装产品销售额增长率/%	31.25	27.20	18.25	2.51	6.01
3	婴童服装销售额占销售总额权重/%	75.03	80.04	83.00	87.00	84.00
4	婴童服装产品销售量/万套	16.76	16.91	21.73	22.07	22.56
5	婴童服装产品销售量增长率/%	11.37	0.89	28.50	1.56	2.22
6	婴童服装产品销售均价/(元·套$^{-1}$)	280.07	353.10	324.94	327.96	340.12
7	婴童服装产品销售均价增长率/%	18.76	26.08	−7.98	0.93	3.71

④MN公司的销售主渠道(即电商平台线上销售)的销售情况及其增长情况如何,其在销售总额中的占比如何？主营产品主渠道的销售情况及其增长情况如何,其在主营产品销售额和线上销售总额中的权重分别是多少？

电商平台线上销售的销售额及其增长率、线上销售总额占销售总额权重,婴童服装产品电商平台线上销售额及其增长率、婴童服装产品电商平台线上销售额分别在婴童服装产品销售额和电商平台线上销售额中的占比,详见表6-7。

表6-7 2019—2023年度MN公司电商平台线上销售分析表

序号	项目	2019年	2020年	2021年	2022年	2023年
1	线上销售总额/万元	5 818	6 788	7 486	7 070	7 491
2	线上销售总额增长率/%	12.53	16.67	10.28	−5.56	5.95
3	线上销售总额占销售总额权重/%	93.00	90.99	88.00	84.98	82.00
4	婴童服装产品线上销售额/万元	4 306	5 347	6 210	6 122	6 292
5	婴童服装产品线上销售额增长率/%	23.08	24.18	16.14	−1.42	2.78
6	婴童服装线上销售额占婴童服装权重/%	91.73	89.55	87.95	84.58	82.00
7	婴童服装线上销售额占网销总额权重/%	74.01	78.77	82.95	86.59	83.99

⑤XY公司的销售总额和销售量及其增长情况如何?

XY公司的销售总额及其增长率、在国内婴童服装产品市场的市场占有率,详见表6-8。

表6-8 2019—2023年度XY公司销售总额与市场份额分析表

序号	项目	2019年	2020年	2021年	2022年	2023年
1	销售总额/万元	6190	6864	7850	8743	9655
2	销售总额增长率/%	16.33	10.89	14.36	11.38	10.43
3	国内婴童服装产品市场占有率/%	0.27	0.29	0.32	0.36	0.39
4	市场份额变动情况(±BP)	+5BP	+2BP	+3BP	+4BP	+3BP

⑥XY公司利用短视频和直播带货等新型线上渠道的销售额及其增长情况如何? 这些新型线上销售渠道对其公司整体销售业绩的贡献情况如何?

XY公司利用短视频和直播带货等新型线上渠道的销售额及其增长率,这些新型线上销售渠道在该公司整体销售业绩中的贡献率(占比),详见表6-9。

表6-9 2019—2023年度XY公司新型线上渠道销售分析表

序号	项目	2019年	2020年	2021年	2022年	2023年
1	短视频和直播带货销售额/万元	0	0	86	953	1 327
2	短视频和直播带货销售增长率/%	—	—	—	1 008.14	39.24
3	短视频和直播带货销售占比/%	—	—	1.10	10.90	13.74
4	传统电商平台线上销售额/万元	6 190	6 864	7 764	7 790	8 328
5	传统电商平台线上销售额占比/%	100.00	100.00	98.90	89.10	86.26

XY公司自2021年起,在继续保持"全面线上营销"理念,建设维护电商平台线上销售主渠道的同时,启动了短视频和直播带货等新型线上销售模式。该公司2021—2023年的电商平台线上销售主渠道和其他新型线上销售渠道的销售额结构情况,如图6-5所示。

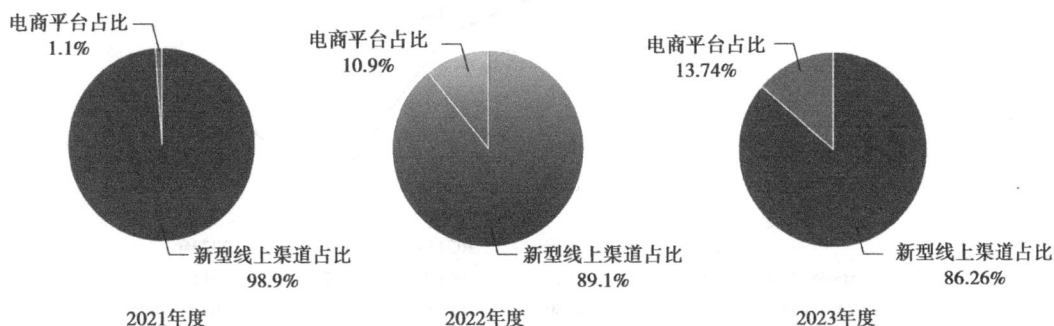

图6-5 XY公司电商平台线上销售主渠道和其他新型线上销售渠道销售额结构饼图

⑦对比MN公司和XY公司,在国内婴童服装产品的市场占有率方面,比较情况如何?在年度销售额、销售量的复合增长率方面,比较情况如何?在年度销售单价方面,比较情况如何?

MN公司和XY公司在国内婴童服装产品的市场占有率方面的比对情况,如图6-6所示。

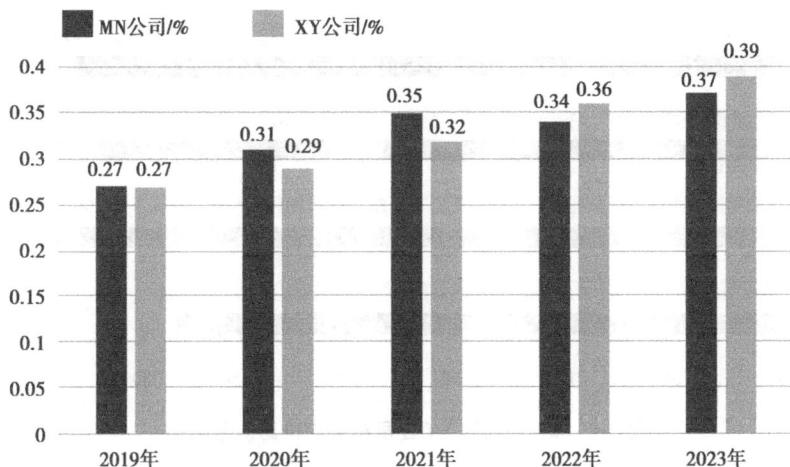

图6-6 MN公司和XY公司市场份额比对柱形图

这两家公司在国内婴童服装产品市场的销售额同比增长率方面的比对情况,如图6-7所示。其中MN公司在2019年至2023年期间(共5年)的年度销售额复合增长率为13.09%,XY公司在同期的年度销售额复合增长率为12.66%。

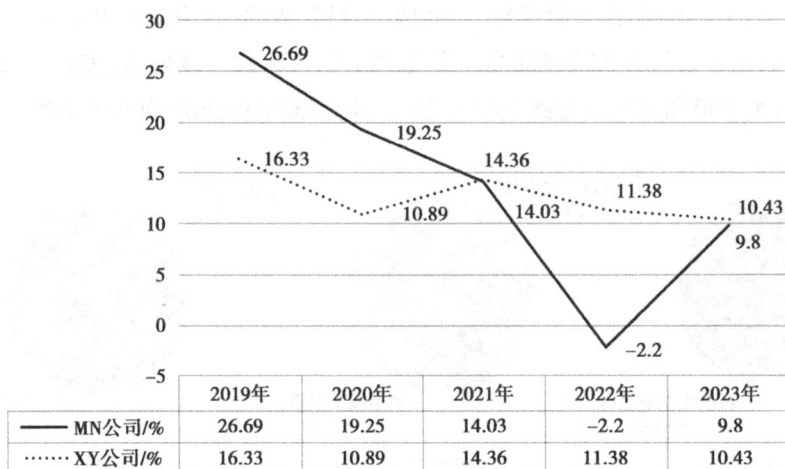

	2019年	2020年	2021年	2022年	2023年
—— MN公司/%	26.69	19.25	14.03	-2.2	9.8
⋯⋯ XY公司/%	16.33	10.89	14.36	11.38	10.43

图6-7　MN公司和XY公司销售额增长率比对折线图

这两家公司在国内婴童服装产品市场的年度销售均价方面的比对情况,如图6-8所示。

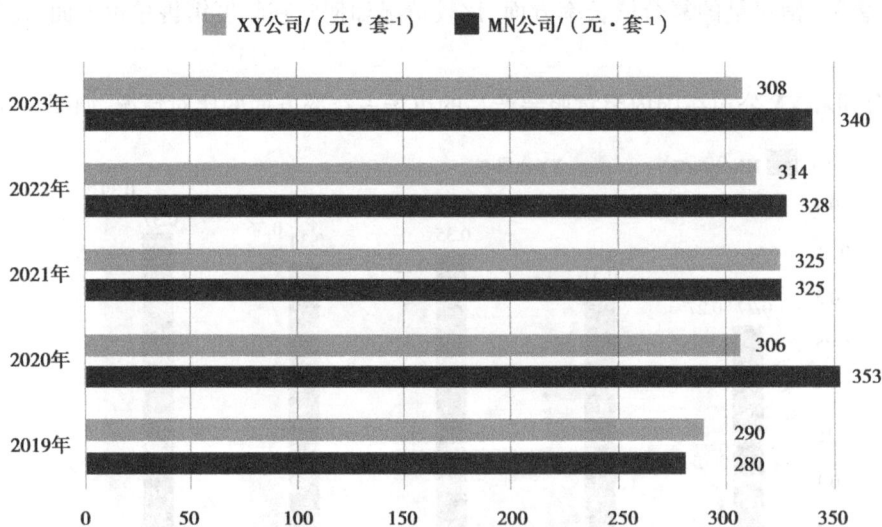

图6-8　MN公司和XY公司销售均价比对条形图

5)分析结论与建议

(1)关于市场趋势方面

从最近五年的国内婴童产品和婴童服装产品市场规模及其增长情况等市场总体趋势指标来看,两者都在较大存量的基础上持续保持了增长速度。前者的销售额同比增长率一直高于后者(特别是自2021年起,两者的销售额同比增长率差距被进一步拉大),即后者销售额在前者的权重逐年下降的原因,应当在于前者的内涵不断得以更新和充实,如随着技术进步新增并丰富了其他创新类婴童产品。因此,市场前景仍然是乐观的,行业和赛道仍然是大有可为的。

从最近五年MN公司的销售总额及其增长率(五年间的销售额复合增长率达到了13.09%)、市场份额、电商平台线上销售总额及其增长率、主营产品(婴童服装产品)销售额及其增长率等主要销售指标来看,维持了稳中有升的向好局面。主营产品电商平台线上销售增长率、主营产品电商平台线上销售额占主营产品销售总额的权重都呈现出了逐年降低的趋势,这表明该公司的线下销售渠道(专卖店)的陈列展示和销售功能正在开始得以强化,线下销售对销售业绩的贡献在进一步巩固和提高。加上婴童产品行业和婴童服装产品赛道均有基础民生和刚性需求的特性,因此,MN公司应当坚定发展前行的信念,并建议从新产品开发和销售渠道建设等方面,改善相关营销策略,顺应行业和赛道稳健持续发展的趋势。

建议MN公司在通过进一步精准市场细分、瞄准目标客户,守住婴童服装产品主战场的同时,优化配置企业资源,加大新产品开发的力度和强度,实施个性化、差异化营销策略,开辟新阵地、谋求新突破。同时,建议进一步重视线下专卖店的运营维护,坚持线上线下联动销售、协同营销的市场渠道策略,力争线上销售稳定提高、线下销售大幅提升。

(2)关于竞争态势方面

通过MN公司和其主要竞争对手XY公司在销售额及其增长率、市场占有率、客单价、渠道业绩贡献等方面的分析和比对可见,XY公司之所以能"后来居上"的主要原因就在于开发了短视频和直播带货等新型线上销售平台,且同时采用了相对低价策略(相较而言,XY公司的销售均价要低10%左右),保持了"量价齐升"的销售格局,这是XY公司的亮点和优势。其相对的劣势在于,未能重视线下实体销售门店的投入和发展,可能会丢失一部分销售业绩和营业利润。

因此,建议MN公司在继续重视现有传统线上销售渠道(电商平台)的同时,加强线下专卖店的运营管理,并开发短视频和直播带货等新型线上销售平台,进一步丰富市场渠道。同时,建议注重完善产品、价格、促销等营销策略,推行整合营销策略,驱动市场、推动销售、带动发展。

任务二　产品分析

假如我们接受了MN公司的委托,运用商务数据进行产品分析,主要内容为产品行业竞争力和产品生命周期分析,并提供相关专业建议,帮助公司更好地了解行业竞争状况,认知产品所处的产品生命周期阶段,识别潜在的风险和机会,为企业制定市场竞争战略和产品策略提供决策参考。

任务描述

任务目标:

了解产品分析在商务数据分析中的核心地位,掌握产品分析的基本内容和方法,熟悉常用的产品分析工具和技术,并能够运用所学知识进行实际的产品分析。

任务要求:

理解产品分析的主要领域;掌握产品分析的目的;掌握产品分析的基本方法,并熟悉常用的产品分析工具和技术。完成实践操作,如选择具体的产品或产品线,收集相关的产品数据,运用所学方法和工具进行深入分析,并能够提出针对性的产品优化建议。

任务评价:

通过学生对产品分析内容的理解程度和对产品分析方法与工具的掌握情况,来评价知识掌握程度。从学生完成产品分析实践操作任务的能力,包括数据收集的完整性、选用分析方法的合理性、报告撰写质量与展示能力等,来评价实践操作能力。

注意事项:

在进行产品分析时,要确保所使用的产品数据的真实性和完整性。在选择产品分析方法时,应当注意分析方法的适用性。

知识准备

1.产品分析的内容

产品分析同样是商务数据分析的重要组成部分,是企业制订产品策略的基础。通过对产品相关数据的收集、整理和分析,企业可以深入了解产品的市场表现、用户需求、竞争态势等关键信息,从而指导企业制订和优化产品策略,提高产品的市场竞争力和盈利能力。

产品分析的内容主要包括产品市场表现分析、产品竞争力分析、产品生命周期分析、产品创新分析等方面。

1)产品市场表现分析

通过收集和分析产品的销售额、销售量、销售增长率等数据,了解产品在市场上的销售表现。通过收集和评估产品在目标市场中的份额,了解产品的市场地位。通过收集和分析用户的地理分布、年龄、性别、职业等特征,了解目标用户群体。这有助于企业全面了解产品在市场上的表现,识别产品的优势和不足,为产品策略的调整提供依据。

2)产品竞争力分析

通过收集和分析竞争对手的销售额、市场份额、产品特点等产品数据,分析竞争对手的优势和不足,为产品策略制订提供参考。此外,企业还可以通过对比分析,了解自身产品在市场上的相对位置,为产品差异化竞争提供支持。

3)产品生命周期分析

产品生命周期是企业进行市场营销和产品管理的重要参考框架,产品生命周期管理是一个持续的过程。产品生命周期通常划分为产品介绍期、产品成长期、产品成熟期和产品衰退期4个产品生命阶段。

产品介绍期是产品刚刚进入市场的阶段,主要目标是建立产品认知度,吸引早期采用者。产品分析的重点在于市场接受度分析、用户行为分析和竞品对比分析等方面。

产品成长期是产品销量逐渐增长的时期,市场份额逐步扩大,产品分析应关注销售趋势分析、客户需求分析和渠道效果评估等方面。

产品成熟期是产品销量和市场份额达到相对稳定阶段的时期,产品分析的重点在于市场饱和度分析、利润分析和客户关系管理等方面。

产品衰退期是指产品销量和市场份额逐渐下降,面临市场淘汰风险的时期,产品分析应关注衰退原因分析、替代产品分析和资源配置分析等方面。

4)产品创新分析

商务数据分析是产品优化和创新的重要驱动力。通过对用户反馈、市场趋势、竞争对手分析等数据的深入挖掘,企业可以发现产品的潜在改进点和创新机会。这些数据可以指导企业进行产品迭代、功能优化、用户体验提升等工作,使产品保持竞争力并持续满足用户需求。

2.产品分析的方法与工具

应用商务数据进行产品分析时,可以采用多种方法和技术。这些方法和技术可以单独使用,也可以结合使用,可以根据具体的分析目标和数据类型选择合适的方法和技术及其组合。

1)数据挖掘与机器学习

数据挖掘与机器学习包括关联分析、聚类分析和预测模型等。

2)用户行为分析

(1)路径分析

通过分析用户在网站或应用上的行为路径,了解用户的浏览和购买流程,优化产品设计和用户体验。

(2)会话分析

分析用户的会话数据,了解用户的兴趣点、停留时间等,为产品优化提供依据。

3)竞争对手分析

SWOT分析:分析竞争对手的优势(Strengths)、劣势(Weaknesses)、机会(Opportunities)和威胁(Threats),为产品策略制订提供参考。

市场份额分析:收集竞争对手的市场份额数据,了解其市场地位,为产品竞争策略提供依据。

4)产品生命周期分析

产品阶段识别:根据产品的销售数据、市场份额等指标,识别产品所处的生命周期阶段。

产品增长率分析:分析产品的增长率变化,预测产品的未来趋势,为产品策略调整提供参考。

5)情感分析

用户评论分析:通过情感分析技术,分析用户对产品的评论和情感倾向。

社交媒体监测:监测社交媒体上的用户讨论和情感倾向,了解用户对产品的反馈和需求。

6)可视化分析

可视化分析包括数据可视化和交互式分析。

任务实施

1.确定产品分析的具体内容

基于MN公司的委托任务,开展产品竞争力和产品生命周期分析等产品分析活动。通过产品竞争力分析,了解企业所在行业生命周期阶段和行业竞争结构状况,为企业制定基本竞争战略和企业总体战略提供依据。通过产品生命周期分析,了解产品所处产品生命周期阶段,为企业制订适当的产品策略及其市场营销组合策略提供依据。

2.选择分析方法及工具并开展产品分析

1)数据采集

采用本项目市场分析任务项下的相关数据集,并通过市场研究报告和行业统计数据,补充收集和整理婴童服装产品所在行业和赛道的相关数据信息。

2)模型构建与产品分析

（1）行业竞争结构分析

采用定量分析与定性分析相结合、侧重定性分析的分析方法,选用"五力模型"分析工具,分析潜在进入者的威胁、行业中现有企业间的竞争、替代品的威胁、购买者的谈判能力和供应者的谈判能力这五种基本竞争力量,如图6-9所示。

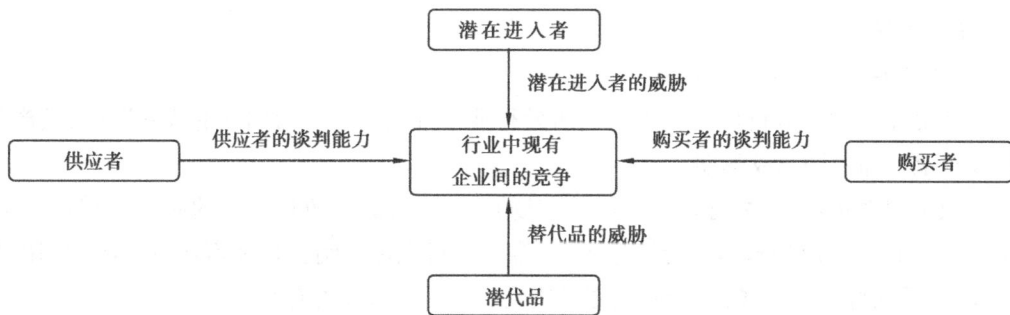

图6-9　"五力模型"分析示意图

（2）产品生命周期分析

参考本项目市场分析任务中的国内婴童产品和婴童服装产品的市场规模和增长情况、MN公司婴童服装产品的销售及其增长情况、MN公司婴童服装产品的市场占有率及其变动情况的相关数据,以Excel为数据分析工具,采用以动态数列分析法为主的多维度数据分析方法,运用图表等数据可视化技术,使用产品生命周期分析工具,如图6-10所示。

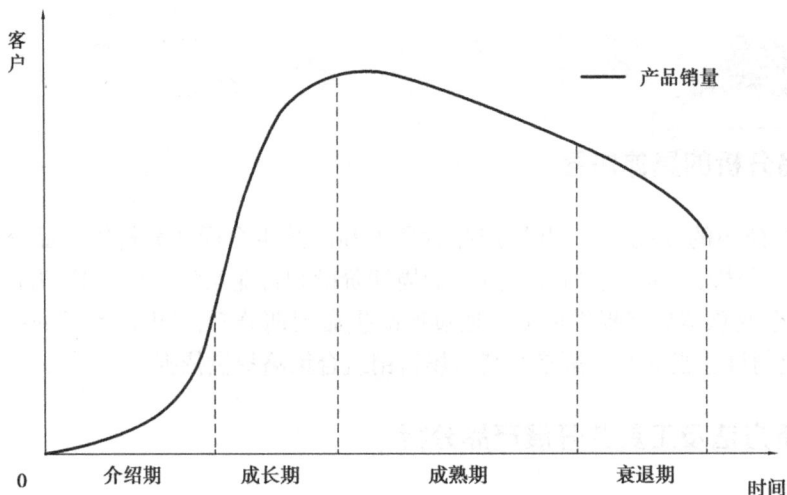

图 6-10　产品生命周期分析示意图

3)分析结论与建议

(1)在产品竞争力方面

从"五力模型"分析法进行的行业竞争结构分析可见,MN公司产品面临着潜在进入者的威胁、行业现有企业间的竞争充分、客户谈判能力较强、自身谈判能力较弱等不利状况。

建议通过加强企业内部成本控制、整合企业资源、提升资源利用效率、加强供应链管理等途径实施成本领先的基本竞争策略,通过提高产品质量、创新产品设计、创新产品功能等途径实施差异化的基本竞争战略,推行以成长和发展为导向的企业总体战略,不断开发新产品、开拓新市场。

(2)在产品生命周期阶段方面

从产品生命周期分析可见,MN公司所处行业已处在行业生命周期的成熟阶段,其产品也处于产品生命周期的成熟期。

建议通过改进市场(如寻求新的细分市场)、改进产品(如改进产品的质量、功能、式样、包装和可靠性等)、改进营销组合等途径,在维持相对稳定的销售量和市场占有率的基础上扩大销售,尽可能提高市场占有率,想方设法延长产品的市场占有时间。

任务三　运营分析

案例导入

假如我们接受了MN公司的委托,运用商务数据进行企业运营分析,主要内容为运营效率分析和成本控制分析,并提供相关专业建议,帮助企业找出运营过程中存在的主要瓶颈与潜在优化空间,找出管理过程中出现的盲区问题,并提出针对性的改善措施,为企业改良战略决策提供依据。

任务描述

任务目标:

了解运营分析在商务数据分析中的重要性,掌握运营分析的核心内容和方法,能够运用所学知识对企业的运营数据进行深入分析,为企业的运营决策和优化提供数据支持。

任务要求:

深入理解运营分析的主要领域;掌握运营分析的常用方法;理解每种方法的适用场景和优缺点。完成实践操作,如选取具体的运营分析项目,收集相关数据,运用所学方法进行深入分析,并能够识别运营过程中的瓶颈和问题,提出针对性的改进建议和优化措施。

任务评价:

从学生对运营分析内容的理解程度以及对客户分析方法的掌握情况,来评价知识掌握程度。从学生完成运营分析实践操作任务的能力,包括数据收集的完整性、分析方法的准确性和合理性等,来评价实践操作能力。

注意事项:

在进行运营分析时,确保所使用的运营数据的真实性和完整性,避免使用不准确或不完整的数据导致分析结果偏差。在选择运营分析方法时,应根据实际问题和数据特点选择合适的分析方法,注重方法的适用性。

1.运营分析的内容

商务数据分析在运营分析中的应用,可以说是现代商业运营决策的重要支柱。通过对大量的业务数据、市场数据、用户数据等进行深度挖掘和分析,企业可以更加精准地理解其运营状况,识别潜在的问题和机会,从而制订有效的运营策略和优化措施。运营分析主要关注企业的运营效率、成本控制、资源利用和风险控制情况,旨在提高企业的运营绩效。

1)运营效率分析

通过收集生产、销售、库存等环节的数据,分析企业的运营效率,找出瓶颈和改进空间。

2)成本控制分析

分析企业的成本构成、变动趋势以及成本控制的有效性,为企业的成本管理和优化提供建议。

3)资源利用分析

通过数据分析,了解人力资源、设备资源等企业资源的利用情况,为企业资源的合理配置和利用提供决策支持。

4)风险状况分析

运营中不可避免地存在各种风险,包括政策风险、技术风险、财务风险、供应链风险等。通过数据分析,可以帮助企业识别和分析潜在的风险点。通过对这些风险的分析和预测,企业可以制订风险应对策略,降低运营风险。

2.运营分析的常见方法

应用商务数据进行运营分析时,可以采用多种方法和技术来深入挖掘数据背后的信息和价值,常见的运营分析方法有描述性统计等统计分析方法、时间序列分析等预测方法、图表和图形等数据可视化方法,通常还会用到衡量企业运营状况和投资效益分析的投资回报率分析方法。

1)统计分析

应用描述性统计来概括数据特征,如平均值、中位数、众数、标准差等。
应用推断性统计来根据样本数据推断总体情况,如置信区间、假设检验等。

2)预测分析

利用时间序列分析、回归分析、机器学习算法等技术来预测未来的趋势和结果,如销售额预测、用户增长预测等。

3)数据可视化

使用图表、图形和仪表板等工具将数据以直观的方式展示,帮助分析人员快速识别数据模式和趋势。

4)投资回报率分析(ROI分析)

分析市场营销活动的投资回报率,评估活动的盈利性,为资源分配提供依据。

任务实施

1.确定运营分析的具体内容

基于MN公司的委托任务,结合其企业运营、管理、生产和技术研发等实际情况,开展运营效率分析和成本控制分析。通过对运营效率的分析,发现企业在价值链、供应链、人才链等方面存在的主要瓶颈,并找出相应的改进空间及办法。通过对成本控制的分析,发现企业在采购、生产、库存、销售等主要环节存在的成本管控盲区与问题,并给出相应的解决方案。

2.选择分析方法与开展运营分析

1)数据采集

通过MN公司的ERP系统、财务电算化系统、人力资源开发与管理系统等企业内部数据库,采集运营管理和成本控制分析所需的商务数据,调取了文化制度建设、业务流程表单、生产调度表单、生产经营分析报告、会议纪要等相关企业内部材料及信息,并参照结合本项目市场分析和产品分析任务项下的相关数据集。

经过数据清理,得到了该公司2023年度的相关数据,详见表6-10。

表6-10 2023年度MN公司主要运营数据归集

序号	指标名称	指标值/万元	备注
1	年末资产总额	3 736	年初资产总额为3 145万元
2	年末负债总额	2 159	年初负债总额为1 723万元
3	年末存货	1 257	年初存货为963万元

续表

序号	指标名称	指标值/万元	备注
4	年度销售总额	9 135	忽略增值税及其附加税费
5	年度营业成本	6 740	其中年度原材料采购、生产人员薪资和其他制造费用分别为4 621万元、1 362万元和757万元
6	年度销售费用	432	
7	年度管理费用	717	
8	年度财务费用	−3	短期融资利息等
9	年度企业所得税	312	企业所得税率为25%
10	年度净利润	937	

2)模型构建与开展分析

(1)运营效率分析

采用电子表格建立分析模型,可以获知MN公司2023年度的运营能力、盈利能力、发展能力和偿债能力等企业运营效率情况。

运营能力分析:结合采集到的数据,采用存货周转率指标,来评价其运营能力。

$$存货周转率 = \frac{营业成本}{平均存货}$$

$$平均存货 = \frac{存货年初数 + 存货年末数}{2}$$

可计算得知MN公司2023年度存货周转率为6.072,则存货周转天数为60.112天。

盈利能力分析:结合采集到的数据,采用销售净利率指标,来评价其盈利能力。

$$销售净利率 = \frac{净利润}{销售收入} \times 100\%$$

可计算得知MN公司2023年销售净利率为10.25%。

发展能力分析:结合采集到的数据,采用销售收入增长率指标,来评价其发展能力。MN公司的2023年销售收入增长率为9.80%(详见表6-5)。

偿债能力分析:结合采集到的数据,采用资产负债率指标,来评价其长期偿债能力。

$$资产负债率 = \frac{负债总额}{资产总额} \times 100\%$$

可计算得知MN公司2023年度资产负债率为57.79%。

(2)成本控制分析

采用电子表格建立分析模型,可得知MN公司2023年度的各项成本费用占比,如图6-11所示。

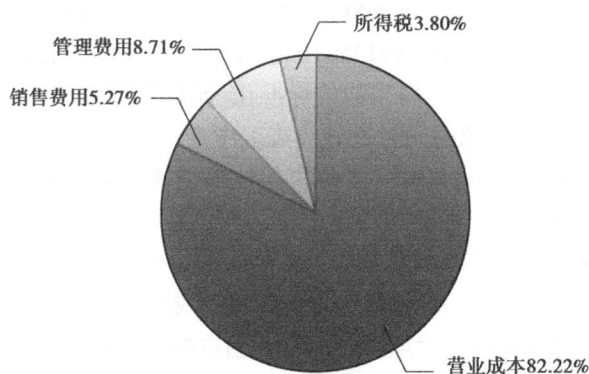

图6-11 MN公司2023年度成本费用结构分析

经过进一步分析,得到MN公司2023年度营业成本的各项费用占比,如图6-12所示。

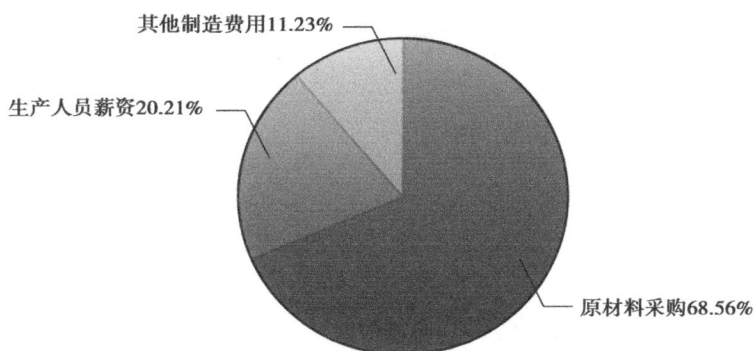

图6-12 MN公司2023年度营业成本结构分析

3)分析结论与建议

(1)关于运营效率方面

从运营能力分析来看,2023年度的存货周转率和存货周转天数分别为6.072(全年仅能周转6次)和60.112天(周转一次平均用时60天),这表明MN公司的存货周转效率较低。从盈利能力分析来看,2023年销售净利率为10.25%,这表明MN公司的盈利能力维持在了一个略高于社会平均利润率的较为合理的水平,具备一定程度的可持续盈利能力。从发展能力分析来看,2023年销售收入增长率为9.80%,这表明MN公司具备一定的成长能力。从偿债能力分析来看,2023年度资产负债率为57.79%,已高于了50%的资产负债率安全标准,这表明其长期偿债能力存在一定风险。

建议:一是加强价值链的深度融合和资源协同,加强供应链的管理控制,提高存货周转率、降低存货周转天数,提升企业运营能力;二是调控资产负债率,使其维持在安全标准线以下,增强企业对债务偿付的保证程度,降低经营风险。

(2)关于成本控制方面

从图6-11可见,营业成本在年度成本费用总额中的占比高达82.22%。从图6-12可见,原材料采购费用在年度营业成本中的占比高达68.56%,即年度原材料采购费用在年度成本费用总额中的占比高达56.37%(=82.22%×68.56%)、年度原材料采购费用已超过年度销售收入总额的50%,达到了50.59%(=4621÷9135×100%),这表明MN公司的原材料采购管控存在严重的问题。建议需建立健全原材料采购的标准化、流程化管理,落实用制度管人、流程管事的基本规则,降低内耗,在开源的同时抓好节流工作。

同时,经过分析发现,该公司具有一定规模的技术创新团队,企业已能达到国家科技型中小企业、高新技术企业的相关评价和认定标准。建议在深入学习国家和地方的相关财税法规政策、完善企业研发费用核算的基础上,加快推进国家科技型中小企业、高新技术企业的申报和认定,这样不但有利于一般纳税人增值税进项税额的加计抵扣,还能享受研发费用加计扣除,且企业所得税还可享受优惠,挖掘潜力,创造相对效益,在大幅降低企业税负的同时,增加企业的净利润空间。

任务四　客户分析

假如我们接受了MN公司的委托,运用商务数据进行客户分析,为其分析客户行为、构建客户画像、调研客户满意度,并提供相关专业建议,以便帮助公司更好地了解客户行为和需求,为未来营销策略的调整和优化提供了数据信息支持。

任务描述

任务目标:

全面认识客户分析在商务数据分析中的核心地位,掌握客户分析的基本内容和方法,并能够通过实际案例应用这些方法,从而为企业制定有效的客户战略提供数据支持。

任务要求:

掌握客户分析的基本概念和客户分析的主要方法。完成实践操作,如选择一家企业或其某个产品线,收集相关的客户数据,运用所学方法进行客户分析,并基于分析结果,提出针对性的客户策略建议(如客户获取、留存、提升满意度)。

任务评价:

从学生对客户分析内容的理解程度和其对客户分析方法的掌握情况,来评价知识掌握程度。从学生完成客户分析实践操作任务的能力,包括数据收集的完整性、分析方法的准确性和合理性,来评价实践操作能力。

注意事项:

在进行客户分析时,应当注意数据隐私与合规性、分析方法适用性。在完成分析后,应积极与企业相关人员沟通,收集反馈意见,并根据实际情况对分析结果进行迭代和优化。

知识准备

1.客户分析的内容

商务数据分析在客户分析中的应用非常广泛,它能够帮助企业更全面地了解客户,优化客户体验,提高客户满意度和忠诚度,从而为企业创造更大的商业价值。

1)客户细分与目标客户识别(构建客户画像)

商务数据分析可以帮助企业对客户进行细分,识别出不同的客户群体和目标客户。通过分析客户的行为数据、购买记录、偏好等信息,企业可以将客户划分为不同的群体,如高价值客户、潜在客户、流失客户等。这样,企业就可以制订更精准的营销策略和服务方案。

2)客户行为分析

通过收集客户的购买记录、浏览记录、搜索记录等用户行为数据,分析用户的购买频率、购买金额、购买偏好、浏览习惯、搜索意图等,了解用户的真实需求。

3)客户满意度与忠诚度分析

通过调查问卷、用户评论、社交媒体监测等方式收集客户反馈意见,分析客户的满意度和忠诚度,了解改进建议,为企业的客户服务改进和客户关系管理提供依据。

4)客户生命周期管理

分析客户的生命周期阶段(如潜在客户、新客户、成熟客户、衰退客户等),针对不同生命周期阶段的客户制订相应的策略(如激活潜在客户、提高新客户转化率、维护成熟客户等)。

5)客户风险分析

识别客户的信用风险,如欠款、欺诈等。分析客户的流失风险,及时采取留成(挽回)措施。评估客户的合规风险,确保业务合规发展。

2.客户分析的主要方法

1)数据挖掘与机器学习

使用数据挖掘技术,如聚类分析、关联规则挖掘、决策树、随机森林等,从大量的商务数据中识别出客户的模式和趋势。应用机器学习算法,如支持向量机、神经网络、深度学习等,对客户的购买行为、满意度等进行预测和分类。

2)统计分析

主要是使用描述性统计和应用推断性统计方法。

3)客户细分

根据客户的购买行为、价值、满意度等特征进行市场细分,将客户划分为不同的群体。使用聚类分析、K-means算法等技术对市场细分进行量化和可视化,以更好地理解不同客户群体的特点。

4)预测分析

利用时间序列分析、回归分析等技术预测客户的未来行为,如购买意向、流失风险等。使用预测模型来制订个性化的营销策略和干预措施,以提高客户满意度和忠诚度。

5)协同过滤与推荐系统

利用协同过滤技术分析客户的购买历史和偏好,为客户推荐相似的产品或服务。构建推荐系统,根据客户的兴趣和行为数据提供个性化的推荐建议,提高客户满意度和购买转化率。

任务实施

1.明确客户分析的具体内容

基于MN公司的委托任务,开展客户行为分析、客户细分与目标客户识别、客户满意度与忠诚度分析等客户分析活动。

通过对客户行为的分析,了解客户的购买行为和消费习惯及搜索与浏览行为,并据此研判客户的真实需求和偏好,为产品的营业推广和促销活动等营销策略制订提供支持。

通过客户细分与目标客户识别,可以了解不同客户群体的特点和需求,构建客户画像,将客户划分为不同的群体,为客户提供个性化的购物体验,企业可据此制订更精准的营销策略和服务方案。

通过对客户满意度与忠诚度的分析,可以帮助企业制订更加有效的客户留存策略,持续改进客户服务和改善客户关系管理,提高客户复购率和口碑传播效果,提高产品销售额和客户满意度。

2.选择分析方法与开展客户分析

1)数据采集

采用网络爬虫技术等数据采集技术和工具,收集电商平台的MN公司2023年度销售相关数据,抓取电商网站的商品信息、用户评价、用户行为数据等信息,得到购买商品和受众信息等数据集。

2)理解数据

客户分析任务下的理解数据,字段、含义及分析的问题见表6-11。

表6-11 MN公司客户分析数据理解

序号	字段	含义	可以分析的问题
1	user_id	客户ID,客户唯一标识码	分析客户的复购情况即客户留存情况
2	auction_id	购买行为编号	分析客户的购买行为细节
3	cat_id	商品种类ID,即商品的二级分类	分析不同种类商品的销售情况
4	cat1	商品大类,即商品属于哪个类别	分析不同种类商品的销售情况
5	property	商品属性,商品的基本参数	分析不同种类商品的销售情况
6	buy_mount	购买数量	分析商品购买总量和热销程度
7	day	购买时间	分析购买趋势
8	birthday	受众(婴童)的出生日期	分析客户受众年龄段
9	gender	客户性别	分析不同性别购买不同商品的情况程度

3)提出问题

提出问题,就是把客户分析的目标进行具体化。因此,基于已有数据集和对数据的理解,提出在本次客户分析活动中需要分析的问题如下:客户的复购率或留存率是怎样的? 不同类别商品的销售情况如何? 商品受众(婴童)的不同年龄段和商品销量存在怎样的关系? 不同性别的客户在购买商品中是否存在差异性?

4)数据清洗

选择子集:选择需要的子集进行显示,并将其他不需要的子集进行隐藏。

列名重命名:对字段进行重命名,以便能更清晰了解数据,并把"0"重命名为"男"、把"1"命名为"女"。

删除重复项:以购买行为编号作为唯一筛选标准;表格中未发现重复值。

缺失值处理:表格中未发现异常值。

一致化处理:引用Excel的VLOOKUP函数,对受众信息进行匹配和关联,补全商品购买信息。

数据排序:将日期改为日期格式,并对其进行排序。

异常值处理:对购买数量进行描述统计分析,得出购买数量相关指标及其指标值见表6-12,其中平均数为2.461 346、标准差为16.496 85,则按平均数加3倍标准差可计算得到51.9的参考值;将大于这个参考值的数据都当异常值处理。

表6-12　MN公司客户分析购买数量描述统计分析数据

均值	2.461 346
中位数	1
众数	1
方差	272.146 13
标准差	16.496 85
求和	225 639
客户观测数	91 673
最大	1 000
最小	1
置信度(置信区间95%)	0.796 64

5)构建模型及数据可视化

(1)客户的复购率或留存率是怎样的?

客户复购率(留存率)=购买2次及以上客户数÷商品购买总人数×100%。

用户ID对应的客户购买次数如图6-13所示,购买次数有效数据为91 136条(已剔除超过参考值51.9的购买次数和性别2对应的购买次数),其中购买两次及以上的用户ID数为5 023个。

3	用户ID	客户购买次数	5017	17648225113	2	91129	183548526	1
4	817655301	6	5018	624855872	2	91130	25428535	1
5	1173694524	6	5019	2248922527	2	91131	87983351	1
6	325648112	6	5020	891523454	2	91132	3257854117	1
7	481579127	6	5021	3275156595	2	91133	387215445	1
8	993256482	6	5022	2548825473	2	91134	2354789204	1
9	2575488132	6	5023	658412449	2	91135	368257496	1
10	1524835684	6	5024	415724484	2	91136	94451574	1
11	624822369	6	5025	455829635	2	91137	368447177	1
12	75552368	6	5026	70695648	2	91138	204985332	1
13	429953705	5	5027	1164244113	1	91139	143895270	1
14	2700954834	5	5028	64425923	1	91140	总计	91136

图6-13　MN公司客户分析购买次数统计示意图

采用逻辑树分析方法,可计得MN公司电商平台复购率为5.51%(=5 023÷91 136×100%)。

(2)不同类别商品的销售情况如何?

采用多维度拆解方法,按不同类别商品销售总量(实物计量单位,下同)占比、销售总量增长率、客户人均购买数量3个维度,对不同类别商品的销售情况进行分析。

2023年度不同类别商品销售总量占比如图6-14所示。

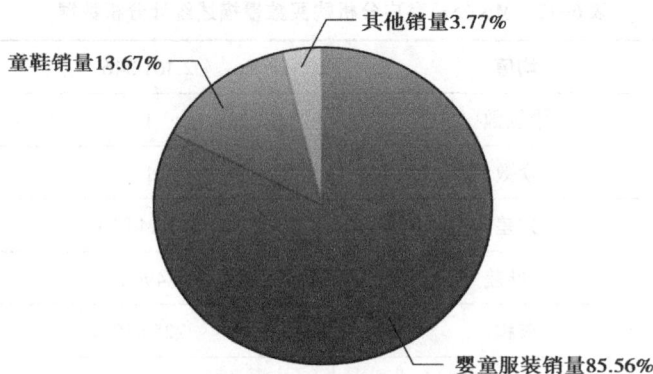

图6-14 MN公司电商平台不同类别商品销量占比

2019—2023年不同类别商品销售量增长率,如图6-15所示。

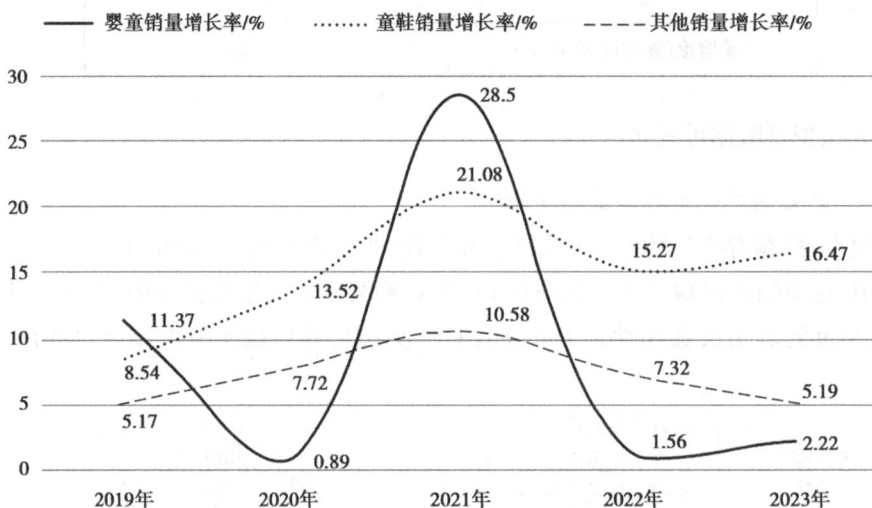

图6-15 MN公司电商平台不同类别商品销量增长率

2023年度不同类别商品客户人均购买数量,如图6-16所示。

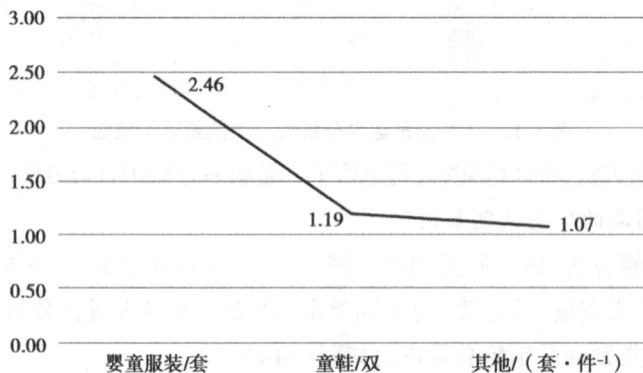

图6-16 MN公司电商平台不同类别商品客户人均购买数量

（3）商品受众（婴童）的不同年龄段和商品销量存在怎样的关系？

2023年度婴童服装产品的不同年龄段受众销量占比情况，如图6-17所示。

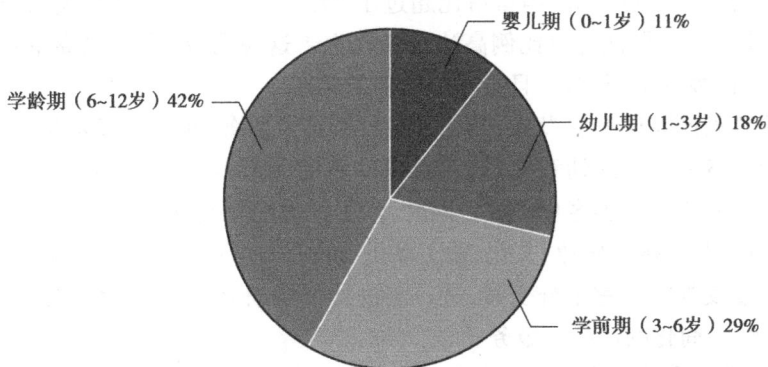

图6-17　MN公司电商平台不同年龄段受众商品销量占比

（4）不同性别的客户在购买商品中是否存在差异性？

不同性别客户购买婴童服装产品数量的占比情况，如图6-18所示。

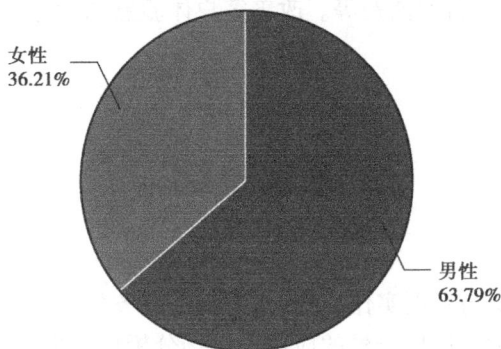

图6-18　MN公司电商平台不同性别客户购买数量占比

6）分析结论与建议

（1）关于客户行为方面

从不同类别商品销售数量占比情况来看，婴童服装产品占比82.56%；紧随其后的是童鞋单品，占比13.67%；两者合计占比已超过96%。从不同类别商品近五年的销售量增长率来看，婴童服装销量增幅波动较大，且近两年的增长率仅保持在了2%左右的较低水平。童鞋销量增幅较稳，且近年来一直保持住了15%左右的较高增长水平。从不同类别商品客户人均购买数量来看，婴童服装为2.46件。这些数据表明，婴童服装和童鞋都是该公司的支柱业务，但已处在了产品生命周期成熟期阶段。

建议加大宣传推广力度、通过充分利用价格手段、改进营销组合等策略来刺激市场，通过改进产品的品质、功能、样式来扩大销售，想方设法提高市场占有率。同时，规范和加强供应链管理，重点是优化销售旺季和淡季的合理库存管理。把企业的这两个主打产品，精心打造成为深受客户欢迎和市场认可的产品。

（2）关于客户细分和目标客户识别方面

从不同年龄段受众销量占比情况来看,学龄期(6~12岁)和学前期(3~6岁)的儿童是婴童服装产品的主力消费客群,销量占比超过了70%。从不同性别客户购买婴童服装产品数量的占比情况来看,男性客户比例高达60%以上。这说明MN公司电商平台销售的主要客户群体为6~12岁的幼童父母,且重点是幼童的父亲。

建议系统策划产品体系的设计、开发、制造、营销及服务,重塑市场定位,将企业的主要客户群体聚焦到6~12岁的幼童父母,重点是幼童的父亲,将产品的主要消费群体聚焦在6~12岁的幼童,并逐步完善客户画像。同时,除了年龄细分变量外,将主要客户群体和主要消费群体按照地理(区域)、职业、文化、购买动机、价值取向、购买时机、使用频率、待购阶段、商品价格灵敏度反馈等多重细分变量,进一步进行市场细分,以便为客户提供更为精准化、个性化、差异化、时尚化的产品及服务。

（3）关于提高客户满意度方面

从客户复购(留存)情况来看,MN公司电商平台销售渠道的客户复购率仅为5.51%,远低于18%的行业平均水平,说明其主要客群都是新用户,也表明因此损失了一大批客户群。

建议积极做出改善,如向老客户发放调查表,调查客户不重复购买的原因。针对老客户推出促销活动,吸引老客户再次消费等。改善客户体验感和满意度,提高客户复购率,并吸引新客户。

项目小结

本项目通过理论知识与案例实作相结合,讲解了商务数据分析在市场分析、产品分析、运营分析和客户分析等常规应用场景的应用。市场分析任务中,讲解了如何运用商务数据分析技术对市场规模、销售趋势、竞争状况等关键指标进行分析,为企业提供市场认知与销售策略建议。在产品分析阶段,利用五力模型、生命周期理论及SWOT分析工具,深入剖析行业竞争力和产品策略。运营分析聚焦日常业务实践,借助统计预测、数据可视化和ROI分析优化运营效率、成本控制。客户分析则围绕客户画像构建、行为分析、价值评估展开,旨在利用数据科学手段提升客户满意度、忠诚度及整体体验,增强企业市场竞争优势。

思考与练习

1.如何利用数据分析来评估市场的规模、增长率和竞争态势?

2.讨论数据在识别市场趋势和预测未来发展方向中的作用。

3.选择一个你感兴趣的行业或市场,收集相关数据,并进行市场规模、增长率和竞争态势的分析。撰写一份简短的报告,总结你的分析结果,并提出对该市场未来发展的预测和建议。

4.分析如何通过数据分析评估产品的市场表现和用户满意度。

5.讨论数据如何帮助改进产品设计、功能和定价策略。

6.选择一个你熟悉的产品或服务,收集用户反馈、销售数据和市场份额等数据。分析这些数据,评估产品的市场表现和用户满意度,并提出改进建议。

7.探讨数据分析在提升运营效率、降低成本和优化资源配置方面的应用。

8.分析如何通过数据监控和预测来优化供应链管理和库存管理。

9.收集一个企业的运营数据,包括供应链、库存、成本和销售额等。分析这些数据,找出运营中的瓶颈和潜在改进点,并提出优化建议。

10.讨论如何利用数据分析来识别目标客户群体和细分市场。

11.分析数据如何帮助提升客户满意度、增加客户忠诚度和促进客户增长。

12.收集一家企业的客户数据,包括购买行为、偏好、满意度和忠诚度等。分析这些数据,识别目标客户群体和细分市场,并提出针对性的营销策略和建议。

项目七
分析报告撰写

◇**学习目标**

知识目标：

· 掌握撰写分析报告的基本结构，包括标题、摘要、正文、结论和建议等部分。

· 认识数据分析报告在提升商务效率和竞争力方面的作用。

技能目标：

· 能够根据商务需求确定分析报告的主题和目的，明确分析的重点和方向。

· 学会运用数据分析工具处理和分析数据，形成有效的分析图表和结论。

· 能够撰写结构清晰、逻辑严谨、内容准确的分析报告，具备良好的文字表达能力和图表设计能力。

素养目标：

· 强化学生的商业道德意识，确保分析报告的真实性、准确性和可靠性，避免误导和欺诈行为。

· 通过案例分析等方式，让学生认识到数据分析在推动企业发展、优化资源配置、提高经济效益等方面的重要作用，培养学生的国家责任感和使命感。

◇**项目描述**

在当今的大数据时代，数据已成为不可或缺且越来越重要的资产和资源，数据分析已经成为商务决策的重要支撑。商务数据分析不仅能够帮助企业洞察市场趋势、优化产品设计、提升运营效率，还能够增强客户体验，从而为企业创造更大的价值。在这一背景下，培养具备数据分析能力和报告撰写能力的人才显得尤为重要。

本项目通过构建一个涵盖市场分析、产品分析、运营分析、客户分析等内容的完整的"撰写分析报告"知识体系，培养学生的实践操作能力。并通过项目式学习，让学习者在实践中掌握数据分析报告的撰写技巧和方法，构建并提升其在商务领域的竞争力。

任务一　认知商务数据分析报告

1.报告的目的与价值

商务数据分析报告是对商务数据进行深入分析后形成的综合性报告,其目的与价值在于为企业提供数据驱动的决策支持、业务优化、市场洞察、风险管理、绩效评估与改进、创新驱动等方面的帮助,从而增强企业的竞争力,实现可持续、高质量发展。

(1)决策支持

商务数据分析报告的最主要目的是为企业的决策提供数据支持。通过深入分析大量的商务数据,报告能够揭示出市场趋势、消费者行为、产品性能、运营效率等方面的信息,帮助决策者了解当前的市场环境和业务状况,从而做出更加明智和准确的决策。

(2)业务优化

报告能够发现业务运营中存在的问题和瓶颈,如供应链效率、库存管理、销售策略等。通过数据驱动的洞察,企业可以针对性地进行流程优化、资源重新配置、策略调整等,从而提高运营效率、降低成本、增加收入。

(3)市场洞察

商务数据分析报告能够洞察市场趋势和竞争格局,帮助企业把握市场机会和威胁。通过分析竞争对手的表现、消费者需求的变化、新兴技术的发展等,企业可以调整自己的市场策略,以应对市场的快速变化。

(4)风险管理

商务数据分析报告还能够揭示出潜在的商业风险,如财务风险、供应链风险、市场风险等。这有助于企业提前预警,并采取相应的风险管理措施,避免或减少风险对企业的影响。

(5)绩效评估与改进

商务数据分析报告可以评估企业的绩效表现,如销售额、客户满意度、员工绩效等。通过与行业标准、竞争对手、历史数据等进行对比,企业可以了解自身的优势和不足,从而制订改进措施,提高绩效水平。

(6)创新驱动

通过对数据的深入分析,报告可能发现新的市场机会、消费者需求或产品创意。这有助于企业开发新产品或服务,满足市场的不断变化,实现创新驱动的增长。

2.报告的结构与内容

商务数据分析报告的结构和内容并非一成不变,可以根据具体的分析需求、受众群体和报告目的而进行灵活调整,但通常包含标题页、目录、引言/概述、数据来源与方法、数据展示与分析、结果解读、结论与建议、附录与参考资料等结构和内容。

(1)标题页

标题页内容包括标题、报告人信息和日期。标题,应当简洁明了地概括报告的主题或核心内容;报告人信息,包括姓名、职位、所属机构等;日期,即报告编制或分析的日期。

(2)目录

列出报告的主要章节和小节,方便读者快速浏览和定位感兴趣的内容。

(3)引言/概述

内容通常包括报告目的、背景介绍、报告范围。

报告目的,即明确报告的主要目标,如了解客户行为、评估市场趋势、优化业务运营等。

背景介绍,简要说明数据分析的背景,如当前市场环境、企业面临的挑战和机遇等。

报告范围,界定分析的数据范围、时间跨度等。

(4)数据来源与分析方法

数据来源,说明分析所使用数据的来源和采集方式;分析方法,简要介绍将用于分析的方法和技术。

(5)数据展示与数据分析

数据展示是通过图表、图形等方式来展示数据,如表格、柱状图、折线图、饼图等;数据分析,是对展示的数据进行深入分析,揭示其背后的趋势、模式或关联。

(6)结果解读

内容包括结果概述和结果解释。结果概述,即简要概述分析的主要结果;结果解释,是对结果进行详细解释,揭示其实际意义和影响。

(7)结论与建议

结论是总结分析的主要发现和观点;建议,是提出基于分析结果的具体建议或改进措施。还可以在此基础上,进行进一步的讨论与展望。

(8)附录与参考资料

附录包含详细的计算过程、原始数据、补充图表等;参考资料,即列出报告中引用的参考文献和资料来源。

3.撰写和应用报告的主要步骤流程

撰写和应用商务数据分析报告,旨在完整呈现商务数据分析的全过程,并形成研究结论、提出改进建议。同时,将报告中的见解转化为实际的业务行动和策略,从而推动业务增长和发展。

撰写和应用商务数据分析报告的主要步骤流程,如图7-1所示。

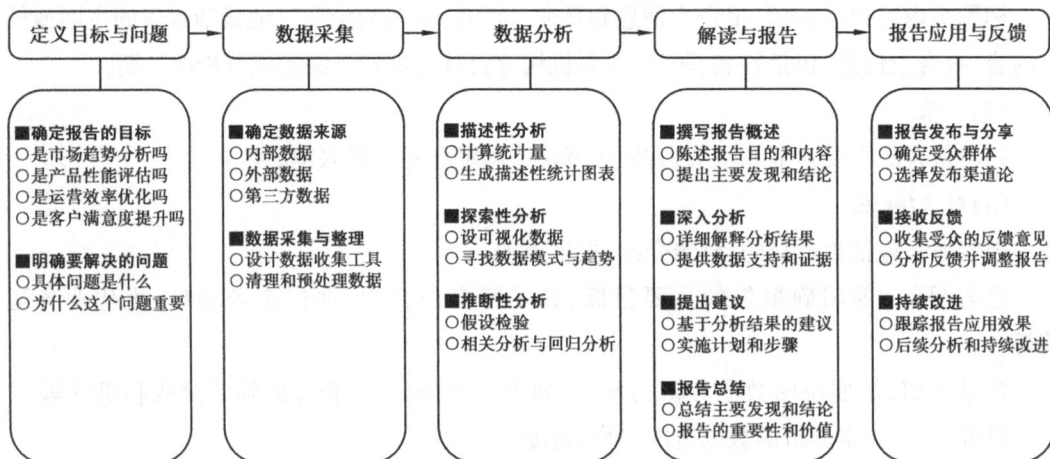

图7-1　撰写和应用商务数据分析报告的主要步骤流程

4.撰写和应用报告的注意事项

(1)撰写报告的注意事项

撰写商务数据分析报告时,要遵循明确目的和受众、保证数据的准确性和完整性、具有清晰的结构和逻辑、提供图表和可视化、强调关键发现和建议、使用简洁明了的语言、进行校对和审查、保持客观和中立、遵循格式要求等几个关键的注意事项。

(2)应用报告的注意事项

应用商务数据分析报告时,应当遵循明确目标与问题、理解数据背景、关注数据质量、合理解读图表、注意报告时效性、结合实际情况、保持柔性与持续改进等注意事项。

任务二　撰写和应用商务数据分析报告

案例导入

甲公司位于某省会城市国家级高新技术产业园区,是一家生产和销售中低端智能手机的科技型企业,其商业模式为垂直型B2C,销售渠道为单一的电商平台建店的直销形式。自2021年以来,产品销量呈现出增幅逐年收窄、单位产品净利润贡献逐年下降甚至亏损的状况。管理层要求数据分析部门充分利用相关商务数据信息进行分析,并撰写商务数据分析报告,帮助企业摸清现状、找准问题,并给出改善现状、解决问题、促进发展的专业建议,供决策层和管理层参考。假如我们作为公司的数据分析师,接受了管理层交付的这项任务。

任务描述

任务目标:

掌握商务数据分析报告的概念、目的和价值、基本结构和内容,掌握应用商务数据分析报告的主要步骤流程,了解撰写和应用报告的注意事项。

任务要求:

开展案例分析与实践,通过分析典型的报告案例,加深对报告目的和价值、结构和内容、报告在决策过程中的作用和价值的理解,锻炼实际应用能力,解决具体的商务问题。

任务评价:

通过评估学生对商务数据分析报告目的与价值、结构和内容的理解程度,以及评估撰写和应用报告的主要步骤和注意事项的掌握情况,来评价知识掌握程度。通过评估学生在实践操作中的表现,来评价学生的应用能力。

注意事项:

在学习、撰写和应用商务数据分析报告的过程中,注重理论与实践相结合,并通过实践来加深对理论知识的理解和应用。在应用商务数据分析报告时,始终坚持以数据为依据,强调数据驱动决策。在提出决策建议时,应充分考虑实施过程中的可能风险和挑战。

任务实施

1.撰写商务数据分析报告

（1）标题

报告的标题页,如图7-2所示。

甲公司
商务数据分析报告

::

编制部门：数据资产部

主编人员：张三（部长/高级数据分析师）

参编人员：李四（高级数据分析师）

王五（数据分析师）

编制日期：2024 年 4 月 15 日

图7-2　报告封面页示意图

（2）目录

报告的目录页，如图7-3所示。

图7-3　报告目录页示意图

（3）正文

报告正文见附录。

2.应用商务数据分析报告

应用商务数据分析报告，旨在将报告中的见解转化为实际的业务行动和策略，从而推动业务的增长和发展，它是一个涉及多步骤的过程。

1)理解和解读报告

（1）详细阅读

花时间仔细阅读报告，确保理解其中的所有内容。

(2)突出关键点

标记或记录报告中的关键发现和建议。如记录下报告中关于原材料采购成本居高不下等存在的突出问题,关于进一步重视成本管控、坚持技术创新等方面的关键建议。

2)与团队共享和讨论

(1)组织会议

召集相关团队成员,共同讨论报告的内容。本报告是一份基于商务数据的综合性文案,应当召集企业全体中高层管理人员参加讨论。

(2)共同解读

让团队成员都理解报告中的关键信息和建议。

3)将分析与业务目标对齐

(1)明确业务目标

回顾和明确公司的业务目标和战略。

(2)关联分析

将报告中的分析与业务目标联系起来,确定如何应用这些分析。

4)制订行动计划

(1)确定优先级

基于报告的关键发现,确定哪些建议或行动是优先的。比如可以将加强成本管控和技术创新等运营管理方面的行动、确保生产质量等产品质量方面的行动、制定目标市场策略等市场营销方面的行动、维护重点目标客户等客户管理方面的行动,确定为企业当前的优先级任务。

(2)制订计划

为每个建议或行动制订具体的实施计划,包括时间表、责任人等。

5)执行和监控

(1)分配任务

将行动计划中的任务分配给相应的团队成员,可以按照部门来进行任务分配。

(2)持续监控

跟踪行动计划的执行情况,确保按计划进行。可由企业办公室(总经办)会同财务部联合执行本项工作,并建立良好的沟通反馈工作机制。

6)评估和调整

(1)定期评估

定期检查行动计划的执行效果,通常按月进行评估。

(2)调整计划

根据评估结果,对行动计划进行必要的调整。重大行动计划应当适时评估和调整。

7)沟通和报告

（1）保持沟通

确保相关团队成员了解行动计划的进展和效果。

（2）定期报告

向管理层或相关利益方报告行动计划的执行情况和成果。

项目小结

本项目旨在让学生深入理解并掌握商务数据分析报告的核心构成、撰写原则与实践流程。学生将学会明确报告目标，遵循准确无误的数据支持和逻辑严谨的论述规范，运用可视化表达提升可读性，并结合业务场景展现数据洞察力。通过实际操作，学生能够按照标准流程从设定目标到填充内容，包括背景分析、问题阐述、数据分析、解读结果及提出策略建议等环节。此外，项目还将指导学生运用真实案例来构建完整的数据分析解决方案，以培养书面沟通能力和扎实的数据分析思维，为未来从事商务决策工作提供必要准备，并学会运用所学技能解决现实商业挑战，服务企业战略与运营管理。

思考与练习

1.在撰写商务数据分析报告时，如何明确报告的定位和目的？请列举几个不同的商务场景，说明在不同场景下报告的定位和目的可能有何不同。

2.考虑报告的主要受众是谁？他们的背景和需求是什么？如何确保报告的内容、结构和语言适合这些受众？

3.如何确保商务数据分析报告既具有实用性又具有前瞻性？请讨论在报告中如何平衡当前的数据分析结果和对未来趋势的预测。

4.商务数据分析报告通常是一个迭代的过程。请说明在报告初稿完成后，应如何收集反馈、修订报告，以及如何确保报告的持续完善。

5.给定一组商务数据（如销售额、用户增长率、市场份额等），要求解读这些数据，并从中提取出主要的信息和趋势。然后，基于这些信息和趋势，撰写一份简短的分析报告，说明数据的含义、可能的原因以及对业务的影响。

附 录

甲公司商务数据分析报告

1 概述

1.1 报告目标

编制本报告的目标在于:通过对企业近年来产品销售和单位产品净利润贡献等相关数据的采集、分析、研判,识别产品销量增幅同比下降、单位产品净利润贡献逐年下降甚至亏损的影响因素或原因,找出其中的主要影响因素,并针对这些主要影响因素,制订有效措施,提出改进计划,为管理层在市场研判、业务优化、绩效改进、技术创新、财务改善、风险防控和决策支持等方面提供专业建议。

1.2 背景简介

2012—2023年,中国智能手机出货量大致呈现出先涨后降的趋势。在2016年,中国智能手机出货量触及顶峰,出货量规模达到5.22亿台,而后开始有所下滑,这意味着行业发展的周期曲线正在发生变化,即从过去高速上扬之后的平稳期开始进入下行通道。在连续27个月同比下降后,于2023年10月,全球智能手机销量首次售出交易量(即零售额)同比增长5%;2024年1月,中国市场手机出货量3 177.8万部、同比增长68.1%,其中5G手机出货量2 616.5万部、同比增长59.0%、占比82.3%。可见,全球智能手机市场正在企稳回暖,中国智能手机市场更是在2024年1月实现了2021年以来首次同比增长,且还是大幅增长,市场持续回暖的趋势是可以预期的。

企业主营中低端智能手机的生产和销售。自2021年以来,市场表现为产品销量有所增长,但同比增长率却逐年回落,且在2024年1月份的销量数据仍然延续了近几年来的下行势头,未能跟上中国智能手机市场反弹和增长的发展"节拍"。

同时,我们关注到,中国经济增长模式正在发生深刻变化,制造业、科技企业,尤其是科技型制造业将成为增长引擎,科技创新将成为经济增长的主要推动力。国家政策出台了一系列鼓励和引导科技创新、培育新动能的政策举措,在2024年全国两会期间更是首次提出并大力倡导"新质生产力"的全新概念,包括手机行业在内的国内企业正面临着不断向好的发展环境和发展机遇,各行各业都在重拾信心再出发。

企业应当如何立足现状,来把握机遇、迎接挑战,实现迎头赶上甚至是"弯道超车",已成为企业亟待解决的生死攸关的重大课题。

1.3 报告范围

本报告的数据范围包括中国手机市场行业数据、企业及主要竞争对手的手机销售量和销售额等市场相关数据,企业及主要竞争对手的手机技术参数、产品功能、营销策略等产品相关数据,生产、销售、库存、成本构成、资源利用等运营相关数据,客户行为、购买情况、旅程记录等客户相关数据,及企业在战略决策、企业制度、组织结构、生产运营、人力资源管理、财务管理、技术创新、质量管理、安全管理、供应链管理等方面的相关信息,国家在电子信息等产业的产业发展和财税优惠相关政策。

本报告的时间跨度范围为2021—2025年,其中2021—2024年3月采用实际数据,2024年4月—2025年采用预测数据。

1.4 任务来源

本报告的任务来源为接受企业管理层任务。

2 数据采集

2.1 企业内部数据采集

通过内部API访问并采集了企业市场营销信息系统、企业资源计划(ERP)系统、会计电算化系统、人力资源管理系统、供应链管理系统等企业数据库相关数据,通过实物调阅方式收集了发展规划、工作总结和计划、企业制度汇编、会议纪要、备忘录等相关资料。

经数据清洗和加工,得到《2021—2024年3月甲公司智能手机出货量与上市新机型款数统计表》(详见附表1)、《2021—2024年3月甲公司资产负债简表》(详见附表2)、《2021—2024年3月甲公司利润简表》(详见附表3)、《2023年度甲公司人力资源数据一览表》(详见附表4)等企业内部数据集,及整合企业相关决策和执行文本信息形成的非结构化数据。

2.2 企业外部数据采集

通过API接口、网络爬虫技术获取了社交媒体和网络平台等社交媒体数据、电商平台销售相关数据,通过门户网站收集了国内外知名行业市场调研公司等第三方数据、国家统计局发布的2021—2023年度的国民经济和社会发展统计公报等政府公开数据,通过企业官网收集了主要竞争对手相关数据信息,通过科学技术部、工业和信息化部、国家税务总局等门户网站收集了国家关于科技创新、推动电子信息等产业高质量发展的相关政策和信息。

经过数据去重、清洗和加工,得到《2021—2024年1月中国智能手机出货量与上市新机型款数统计表》(详见附表5)、企业主要竞争对手乙公司的《2021—2024年1月乙公司智能手机出货量与上市新机型款数统计表》(详见附表6)、采集自电商平台的甲公司《购买商品信息表》(如附图1所示)等企业外部数据集,及整合国家电子信息等产业发展政策、市场调研公司市场调研与行业研究方面的图文信息形成的非结构化数据。

3 数据分析与展示

3.1 市场数据分析与展示

3.1.1 分析方法与工具
采用Excel作为数据分析工具,结合动态数列分析法。

3.1.2 具体分析与展示

3.1.2.1 行业市场状况分析

2021—2023年中国智能手机市场规模及其增长情况,如图1和图2所示。

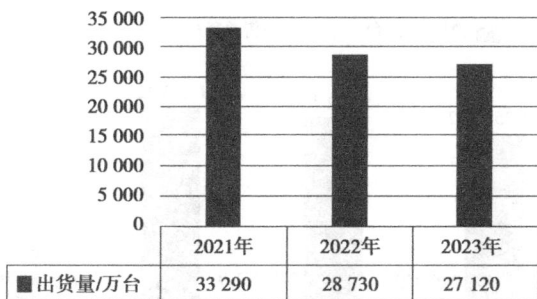

	2021年	2022年	2023年
■出货量/万台	33 290	28 730	27 120

图1 2021—2023年中国智能手机市场规模

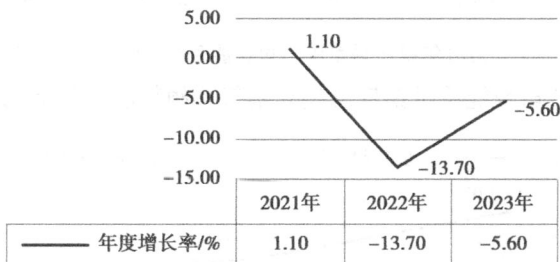

	2021年	2022年	2023年
——年度增长率/%	1.10	-13.70	-5.60

图2 2021—2023年中国智能手机出货量年度增长情况

2021—2023年中国智能手机上市新机型款数及其增长情况,如图3和图4所示。

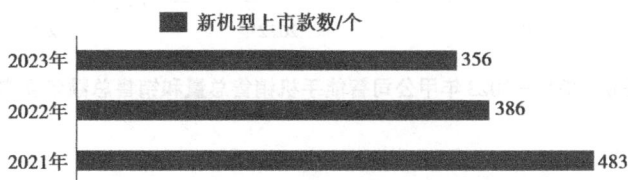

图3 2021—2023年智能手机上市新机型款数

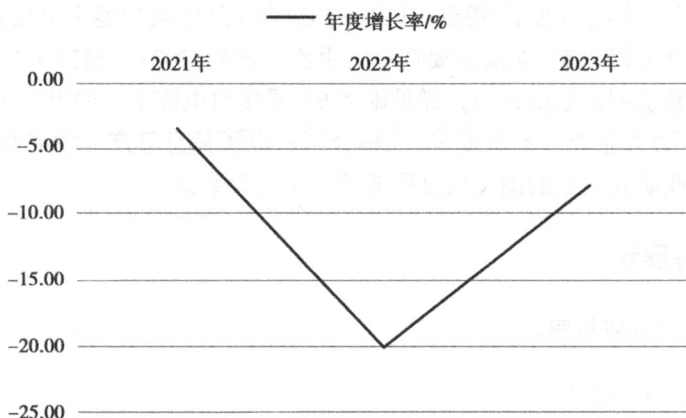

图4　2021—2023年智能手机上市新机型款数增长情况

3.1.2.2　企业销售状况分析

2021—2024年第一季度甲公司智能手机销售总量和销售总额,如图5所示。

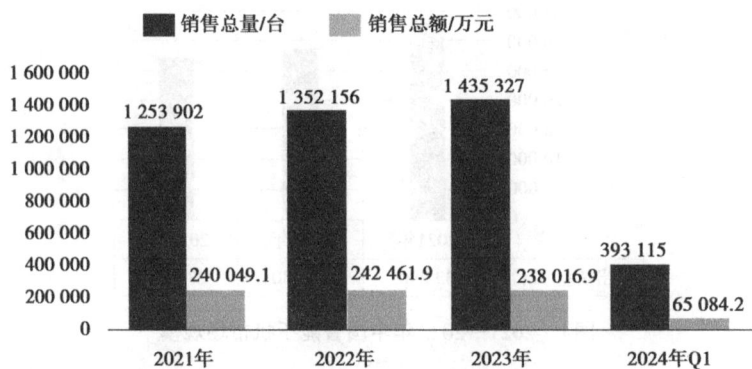

图5　2021—2024年第一季度甲公司智能手机销售总量和销售总额

2021—2023年甲公司智能手机销售总量和销售总额年度增长情况,如图6所示。

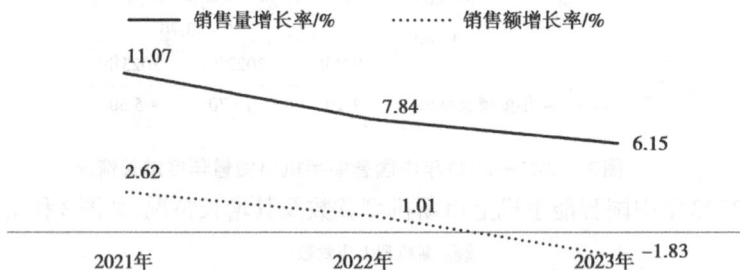

图6　2021—2023年甲公司智能手机销售总量和销售总额年度增长情况

2021—2024年1月甲公司智能手机(销量)市场占有率分析见表1。

表1   2021～2024年1月份甲公司智能手机(销量)市场占有率分析表

序号	项目	2021年	2022年	2023年	2024年1月
1	销售量/万台	6 256	7 460	8 507	8 320
2	在国内智能手机市场占有率/%	0.38	0.47	0.53	0.49
3	市场份额变动情况(±BP)	+4BP	+9BP	+6BP	−4BP

2021—2024年第一季度甲公司智能手机销售均价,如图7所示。

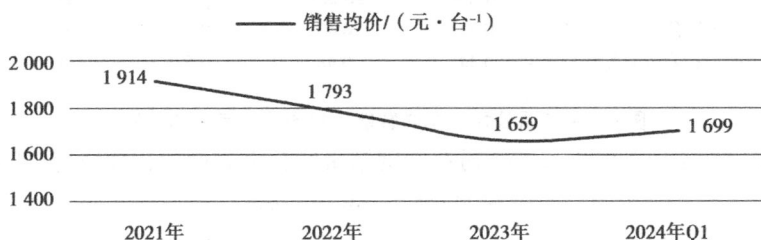

图7   2021—2024年第一季度甲公司智能手机销售均价

3.1.2.3   主要竞争对手(乙公司)销售状况分析

2021—2024年1月乙公司智能手机销量及其增长情况、销售额及其增长情况、(销量)市场占有率及其变动情况见表2。

表2   2021—2024年1月乙公司智能手机销售数据分析表

序号	项目	2021年	2022年	2023年	2024年1月
1	销售量/万台	145.3	137.6	140.5	16.2
2	销量增长率/%	−3.24	−5.30	2.11	18.77
3	销售总额/万元	302 596.1	284 665.7	270 324.9	32 757.6
4	销售额增长率/%	−3.56	−5.93	−5.04	23.84
5	在国内智能手机市场占有率/%	0.44	0.48	0.52	0.55
6	市场份额变动情况(±BP)	+2BP	+4BP	+4BP	+3BP

3.1.2.4   两个竞争对手市场表现情况分析

2021—2024年1月甲公司和乙公司在市场占有率方面的比较情况,如图8所示。

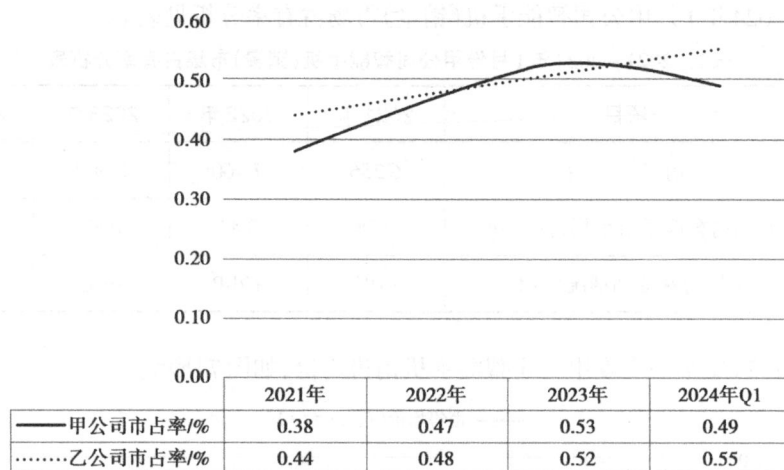

	2021年	2022年	2023年	2024年Q1
甲公司市占率/%	0.38	0.47	0.53	0.49
乙公司市占率/%	0.44	0.48	0.52	0.55

图8 甲乙两公司在国内智能手机市场占有率对比图

2021—2024年1月甲公司和乙公司在年度销量增长率方面的比较情况,如图9所示。

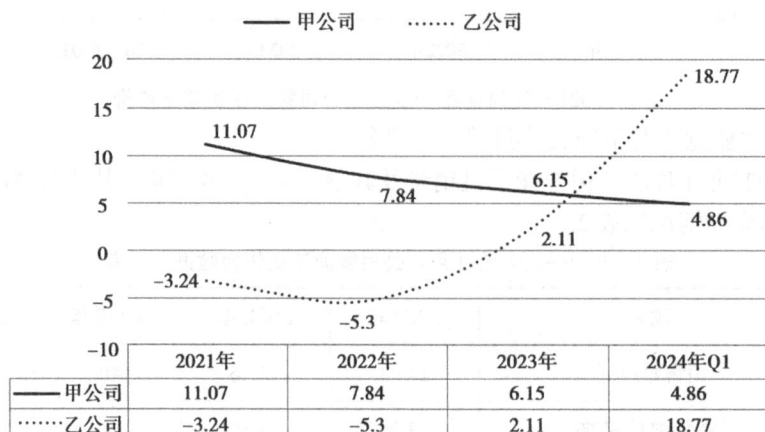

	2021年	2022年	2023年	2024年Q1
甲公司	11.07	7.84	6.15	4.86
乙公司	−3.24	−5.3	2.11	18.77

图9 甲乙两公司智能手机销量增长率对比

2021—2024年1月甲公司和乙公司在销量均价方面的比较情况,如图10所示。

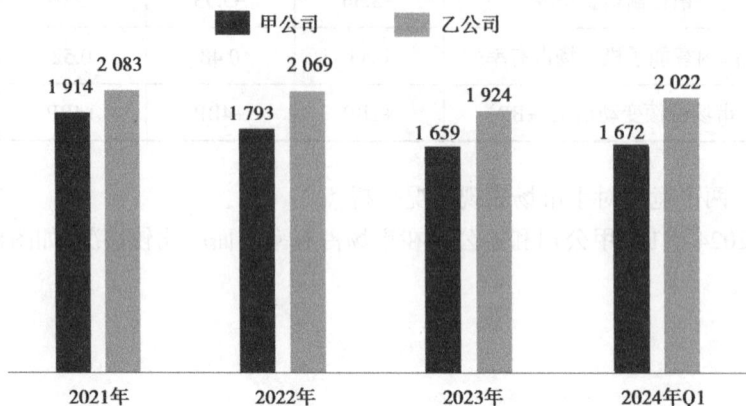

图10 2021—2024年1月甲乙两公司智能手机销售均价对比

3.2 产品和客户数据分析与展示

3.2.1 分析方法与工具

以 Excel 作为数据分析工具,采用描述统计分析、推断性统计、时间序列分析、逻辑树分析等分析方法。

3.2.2 具体分析与展示

3.2.2.1 产品结构分析

2023年度甲公司智能手机销售数量和销售金额结构,如图11和图12所示。

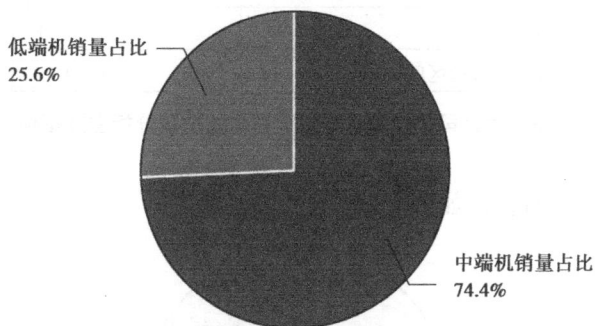

图 11   2023 年度甲公司智能手机销售数量结构

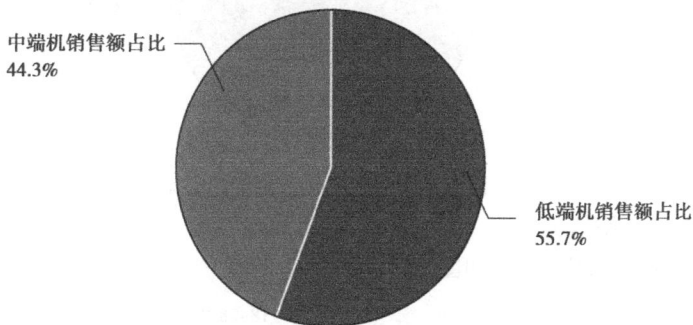

图 12   2023 年度甲公司智能手机销售金额结构

3.2.2.2 产品复购率(客户留存率)分析

分析《购买商品信息表》中的购买数量,得出购买数量相关指标及其指标值,如图13所示。则可计算得到39的参考值;将大于这个参考值的数据都当异常值剔除后,得到购买次数有效数据为 1 261 866 条,其中购买两次及以上的用户 ID 数为 131 025 个,产品复购率为 10.38%。

购买数量	
均值	1.135 272
中位数	1
众数	1
方差	159.655 10
标准差	12.635 47
求和	1 435 327
客户观测数	1 264 302
最大	20
最小	1
置信度（置信区间95%）	0.771 87

图13 甲公司智能手机购买数量描述统计分析主要指标

3.2.2.3 客户性别分析

不同性别客户的占比情况,如图14所示。

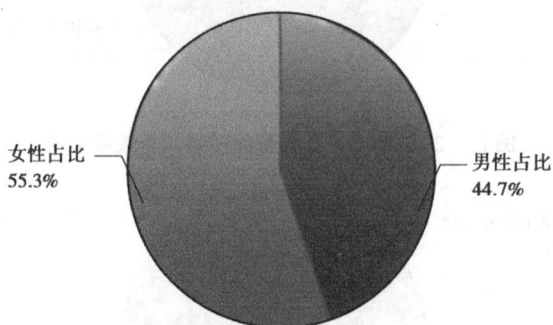

图14 甲公司不同性别客户占比

3.2.2.4 客户年龄段分析

不同年龄段客户占比情况,如图15所示。

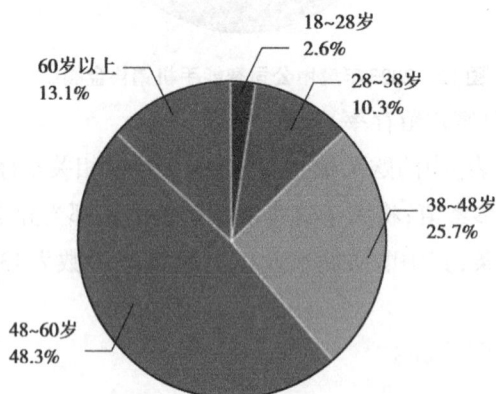

图15 甲公司不同年龄段客户占比

3.3 运营数据分析与展示

3.3.1 分析方法与工具

以 Excel 作为数据分析工具,采用描述统计分析等统计分析方法、动态数列分析等预测方法、图表和图形等数据可视化方法。

3.3.2 具体分析与展示

3.3.2.1 运营效率分析

用 Excel 建立分析模型,可以获知甲公司 2023 年度的运营能力、盈利能力、发展能力和偿债能力等方面的企业运营效率主要情况。

运营能力分析:采用总资产周转率指标来评价。可计算得到 2023 年度总资产周转率为24.8、存货周转天数为 14.7 天。

盈利能力分析:采用销售毛利率指标来评价。可计算得知 2023 年销售毛利率为15.5%。

发展能力分析:采用总资产增长率指标来评价。可计算得知 2023 年总资产增长率为−1.5%。

偿债能力分析:采用资产负债率指标来评价。可计算得知 2023 年度资产负债率为105.2%。

3.3.2.2 成本控制分析

用 Excel 建立分析模型,可得知甲公司 2023 年度的成本费用结构、营业成本结构、管理费用结构、人工成本结构、技术人员薪资变动情况等企业成本控制主要情况。

成本费用结构分析:各项成本费用占比,如图 16 所示。

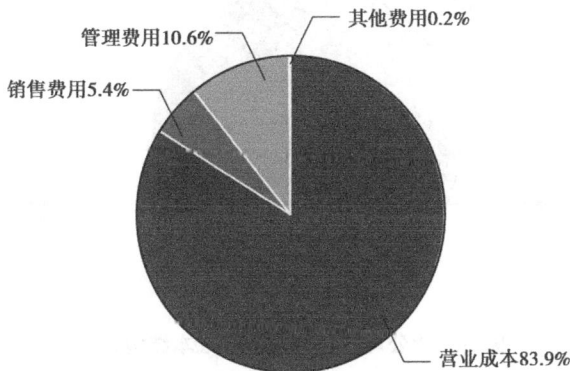

管理费用10.6% 其他费用0.2%
销售费用5.4%
营业成本83.9%

图 16 甲公司 2023 年度成本费用结构分析

营业成本结构分析:营业成本的构成情况,如图 17 所示。

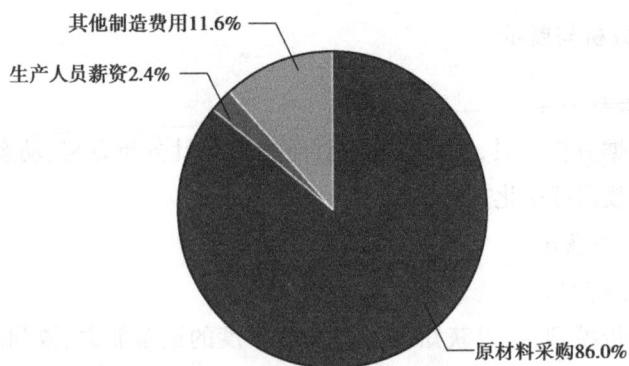

图17　甲公司2023年度营业成本结构分析

管理费用结构分析:管理费用的构成情况,如图18所示。

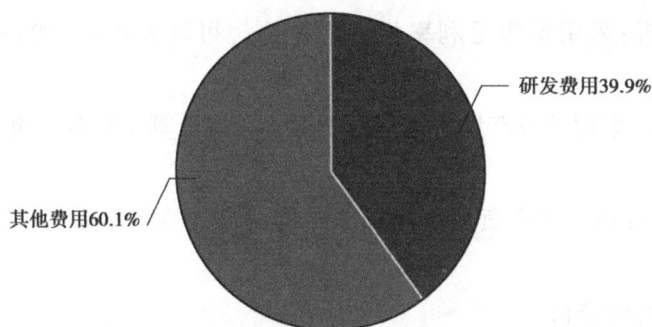

图18　甲公司2023年度管理费用结构分析

人工成本结构分析:人员薪资费用的构成情况,如图19所示。

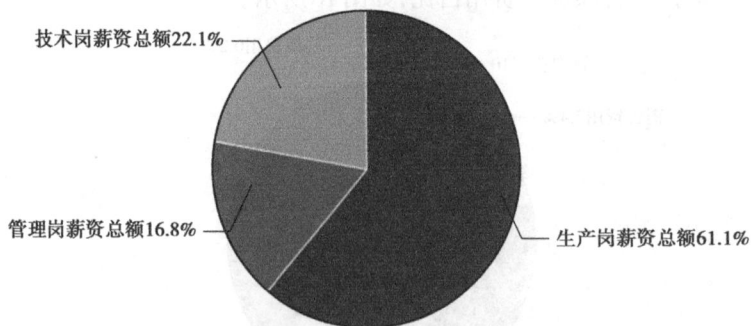

图19　甲公司2023年度人工成本结构分析

技术人员薪资变动情况分析:技术岗人均月度薪资增长情况,如图20所示。

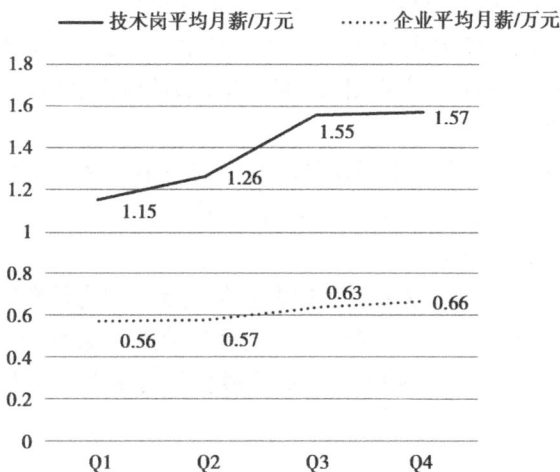

图20　甲公司2023年技术人员人均月度薪资增长分析

4　分析结果解读

4.1　市场分析结果概述与解读

4.1.1　市场规模与趋势

从2021—2023年中国智能手机市场的规模及其增长情况可见,中国智能手机市场规模逐年缩小,出货量和增长速度双双出现了大幅下滑。从上市新机型款数及其增长情况来看,同样出现了上新款数和增长速度双双下滑的态势。这些现象,和近几年全球主要消费电子产品的下降趋势是密切相关的。好在2023年虽然出货量仍然有所下降,但下降速度得以放缓,看似出现了新的拐点。

从2021—2024年第一季度甲公司智能手机销售情况来看,年度销售总量虽然增幅降低,但仍然维持了正增长,市场占有率也得以不断提高。销售均价呈现出单价不高且逐年下降的特点,采用这种渗透定价策略,也应当是保持销售总量逐年小幅攀升和维系销售总额基本企稳的主要原因。

4.1.2　市场竞争态势

对比2021—2024年1月甲公司和其主要竞争对手乙公司在销量增长率、市场占有率、客单价等方面情况可见,乙公司在2022年探底后,保持了较好和稳定的销售增长率,尤其是在2024年一季度,其市场占有率也保持了稳步提升,客单价虽略有下降,但仍高出甲公司约20%。经过分析和透视,乙公司在新产品开发、技术参数、产品性能、市场定位(以年轻人为主要目标客户)等方面均具备市场竞争的比较优势。

4.2　产品和客户分析结果概述与解读

4.2.1　产品结构方面

分析2023年度企业智能手机销售数量和销售金额的构成可知,低端机以74.4%的销量比例实现了55.7%的销售额。在2021—2023年,低端机的销售量、价均保持了逐年增长,中端机的销售量、价均呈现出同比下降趋势。这表明低端机更能赢得市场和客户的认可,已成为企业事实上的主营产品。结合前述企业与其主要竞争对手的比较信息可见,企业在产品的技术、质量与结构等方面存在的差距、问题和隐患,都是很明显的。

4.2.2 产品复购方面

产品复购率为10.38%,仅相当于同业平均指标的一半。这表明企业的现有客户流失率较高,主要客群都是新用户,也表明企业的客户满意度不高。

4.2.3 目标客户识别方面

在客户中的女性占比55.3%,这表明女性客户是企业的主力消费客群。

从客户的年龄段来看,48~60岁和38~48岁的客户分别占比48.3%和25.7%,合计占客户总数的74%。这说明38~60岁的客户是产品的最佳目标客群,重点是48~60岁年龄段的客户。

4.3 运营分析结果概述与解读

4.3.1 运营效率方面

甲公司在2023年度的总资产周转率为24.8次(存货周转天数为14.7天),表明企业比较充分地整合了商品的价值量和供应链,运营能力是不错的。

销售毛利率为15.5%,这表明企业的营业成本过高,盈利能力维持在了一个较低的水平,甚至可能不再具备可持续盈利能力。增加销售净利率作为评价指标可见,管理费用和销售费用等期间费用总占销售收入的比例远超15.5%的销售毛利空间,企业已是亏损经营状态。单位产品销售毛利贡献为256.8元/台,单位产品净利润贡献率为-12.9元/台,产品销量未能达到盈亏平衡点。

总资产增长率为-1.5%,这表明企业发展已遭遇瓶颈,成长能力减弱。

资产负债率为105.2%,已远高于了50%的资产负债率安全标准,这表明企业的长期偿债能力存在较大风险。

4.3.2 成本控制方面

从成本费用结构可见,营业成本占比高达83.9%。而在营业成本构成事项中,原材料采购费用占比高达86%,即原材料采购成本已占到了成本费用总额的72.2%,这表明原材料采购管理和成本核算等工作存在严重的问题甚至是漏洞。

从管理费用结构和人工成本结构及技术人员薪资变动情况可知,研发费用在管理费用中占比39.9%、在人工成本总额中占比22.1%,且技术岗人员的平均薪资由年初的1.15万元/月增长36.6%至年末的1.57万元/月,年度平均薪资是企业综合平均薪资的约2.3倍。这表明企业越来越重视科技人才,越来越重视科技创新和技术研发工作。

5 结论与建议

5.1 研究结论

经较为全面、深入的分析研究可知,总体而言,企业现状可谓是忧喜参半、忧大于喜。

让人担忧的是,企业"内循环"正被不断"阻梗","活下去"已然成为企业目前的头等大事。一是企业销售净利率和总资产增长率及单位产品净利贡献都呈现负数,资产负债率已远超安全"警戒线",原材料采购等营业成本居高不下等情形的出现与存在,导致企业进入了发展"瓶颈期",盈利能力暂失、成长能力减弱、偿债能力降低,企业运营已显现出较大风险,已对企业的生存问题提出了严峻挑战。二是产品在技术、性能、外观、包装等方面存在不同程度的问题,且主营低端产品,并推行仅能覆盖产品成本的渗透价格的定价策略,致使客户黏性和满意度均较低,将对企业和产品竞逐市场带来较大的压力甚至是障碍。

令人鼓舞的是,无论是企业外部环境,还是内部条件,都同样面临着极大机遇,甚至是处在了战略机遇期。一是全球经济复苏走强,消费者的购买力也会增强,智能手机等主要消费电子产品已呈逐步企稳并回弹态势,中国的发展前景更为明朗和清晰。二是国家和地方密集出台以科技创新驱动新质生产力培育与发展的系列重大政策举措,且营商环境日益优化,经济增长方式正在深刻变化。三是新一代人工智能的发展正在掀起新一轮的技术变革和产业革命,AI也将成为撬动高端手机市场的重要技术切口,中国多家手机厂商已在手机中部署AI大模型或推出AI手机。四是企业已意识到科技人才的重要性,并已在人才数量增加、人员待遇提升和研发费用投入加大等方面迈出了具有积极意义的一步。

5.2 建议

5.2.1 运营管理方面

完善运营机制。坚定活下去、活得好的信念,重新梳理并编制企业中长期发展规划和年度经营计划,增强战略导向性,并据此丰富企业文化内涵、健全企业制度体系、完善企业业务流程,从战略、文化和制度层面提供生存与发展的保障机制。

重视成本管控。一是加强价值链的深度融合和资源协同,落实供应链管理,从生产端和销售端合理降低原材料和产成品的库存。二是抓住成本居高不下的关键要素,建立健全原材料采购的标准化、流程化管理,降低内耗,厉行节约,提高企业的运营能力和盈利能力。三是注重人力资源开发与管理,提高场地和设备资源的利用,保障企业资源的合理配置和利用。四是注重国家相关财税优惠政策的研究和实践,可尽快申报国家级高新技术企业,获准认定后可享受包括税收优惠在内的众多优惠、扶持政策,为企业创造相对效益。

落实风险防控。一是合理配置资产、采取有效措施,增加资产或(和)降低负债,使资产负债率保持到安全和合理的水平,增强企业发展能力和偿债能力。二是牢固树立风险意识,切实采取防范措施,最大限度地防止财务风险、市场风险、技术风险和团队风险等各类经营风险。

坚持技术创新。一是积极筹措资金、确保资源倾斜,进一步加大科技人才招才引智和研发经费投入力度,完善激励约束机制,充分调动科技人才的积极性、能动性和创造性。二是加大新产品开发的力度和强度,推动企业在技术、产品、标准和模式等方面的创新成效。三是紧跟市场需求,另辟蹊径,可通过建立与智能代理供应商的紧密合作关系,采用功能模块的预先安装或植入并可线上实时升级迭代的方式,来快捷、省钱地实现智能手机的部分常用人工智能功能的应用,并顺势完成产品矩阵的布局和产品结构优化,为获得市场竞争的主动性提供技术和产品支持。四是强化信息化建设,为获取更为便捷高效可靠的数据信息提供技术手段,帮助企业提升运营管理质效。五是重视企业知识产权工作,注重各类知识产权的申请与获权及转化。

5.2.2　产品质量方面

确保生产质量。一是渐进调整现有的多层级、低效率的生产组织结构,主动推进生产组织结构变革,重新搭建扁平化、合作化、网络化和柔性化的生产组织结构。二是优化生产作业计划,编制更为合理的产品品种、质量、产量和产值指标,并在满足生产任务实现的前提下,不断提升生产能力。三是优化生产过程的空间管理和时间管理,提高产品生产能效。四是优化工艺流程,降低消耗、提高效率、保障质量和安全。

提升产品竞争力。一是现阶段可推行成本领先的基本竞争策略,以求稳固市场份额的同时,利用新产品拓展新客群和新市场。二是在不断提高产品质量的同时,注重产品设计和产品功能创新,提高产品技术性能、扩大产品应用场景,满足新的市场需求。三是注重改进产品,包括但不限于改进产品的质量、功能、式样、包装和可靠性,以便实施个性化、差异化的市场策略。

5.2.3　市场营销方面

目标市场策略。除了通过现有数据评估得到的女性客户占比较高、客户多处在38~60岁年龄段的细分变量外,还应当将主要客户群体按购买动机、购买时机、使用频率、待购阶段、职业、文化、商品价格灵敏度和地理(区域)等多重细分变量,进一步细分,以便更精准地选定目标客户和目标市场。

定价策略。制订以一定范围的销售毛利率为定价基础的定价机制。同时,要在精准测算成本水平和合理预测销量提高的条件下,审慎采用渗透定价的价格策略。

促销策略。除现有电商平台销售模式带来的口碑效应外,还应当建立线下的实体门店,既有利于扩大宣传,也有利于实现线上线下的良性互动。同时,充分利用"网络节日"等促销良机,开展丰富多样的促销活动,在实现销售增量的同时扩大影响力。

5.2.4　客户管理方面

维护重点目标客户。将目前阶段按照性别和年龄段两个维度细分的目标客户群体,作为企业的重点目标客户,真正践行客户第一的服务理念,认真研究客户的购买动机和真实需求,加强与留存客户的交流互动,尤其是在智能手机操作技巧等方面的知识与技能方面的交流,提高老用户的复购率和留存率,并通过老用户扩大"朋友圈"。

集成客户行为信息。注重收集和集成客户的购买记录、浏览记录、搜索记录等客户行为数据,以便更为及时和准确地了解客户的购买行为和消费习惯,并移交新产品开发部门有针对性地开发新产品、培育新市场,移交营销主管部门适时调整营销策略和销售政策、稳固老市场。

提升客户满意度。可通过不定期推出仅由老客户享受的促销活动,主动协助解决个别客户提出的指纹解锁识别慢、充电时手机发热、电池不耐用等个案问题,邀请参与线下门店新机型体验,给老客户发送问卷调查表等方式,来增加企业和老客户的黏性,提升客户的体验感和满意度。

总而言之,只要坚持以科技创新为引领,坚持新质生产力的培育和发展,坚持科技人才重用和资金投入保障,坚持技术进步、产品结构调整、市场营销策略优化的统筹规划,随着全球经济回暖和电子消费品市场持续走强,企业将迎来高质量发展的战略机遇期。

6 附件与参考资料

6.1 附件

6.1.1 原始数据

附表1 2021—2024年3月甲公司智能手机出货量与上市新机型款数统计表

序号	项目	2021年	2022年	2023年	2024年第一季度	其中1月
1	智能手机销售总量/万台	125.4	135.2	143.5	38.3	14.6
2	低端智能手机销量/万台	88.7	98.1	106.7	26.6	10.3
3	中端智能手机销量/万台	36.7	37.1	36.8	11.7	4.3
4	智能手机销售总额/万元	240 049.1	242 461.9	238 016.9	65 084.2	24 407.2
5	低端手机销售额/万元	120 187.9	129 492.3	132 627.6	32 452.7	12 130.4
6	中端手机销售额/万台	119 861.2	112 969.6	105 389.3	32 631.5	12 276.8
7	新机型上市款数/个	1	0	0	0	0

附表2 2021—2024年3月甲公司资产负债简表 单位:人民币万元

资产	年初数	年末数	负债和所有者权益	年初数	年末数
货币资金	860.7	577.2	应付/其他应付款	3 849.4	5 497.7
应收/其他应收款	640.1	891.5	应付职工薪酬	821.3	948.6
存货	3 482.2	4 534.8	应交税金	3 624.5	3 556.0
流动资产合计	4 983.0	6 003.5	流动负债合计	8 295.2	10 002.3
固定资产净值	4 190.2	3 142.7	非流动负债合计	0.0	0.0
无形资产	482.5	361.7	实收资本	1 000.0	1 000.0
其他非流动资产	0.0	0.0	未分配利润	360.5	-1 494.4
非流动资产合计	4 672.7	3 504.4	所有者权益合计	1 360.5	-494.4
资产总计	9 655.7	9 507.9	负债和所有者权益总计	9 655.7	9 507.9

附表3 2021—2024年3月甲公司利润简表

项目	2022年度	2023年度
主营业务收入/万元	242 461.9	238 016.9
主营业务成本/万元	194 319.2	201 551.1
营业成本/万元	193 930.9	201 166.2
税金及附加/万元	388.3	384.9

续表

项目	2022年度	2023年度
销售费用/万元	12 123.1	12 852.9
管理费用/万元	25 458.5	25 467.8
其中研发费用/万元	8 680.1	10 163.3
利润总额/万元	10 561.1	−1 854.9
弥补以前年度亏损/万元	10 137.0	0.0
所得税/万元	63.6	0.0
净利润/万元	360.5	−1 854.9

附表4　2023年度甲公司人力资源数据一览表

序号	项目	第一季末	第二季末	第三季末	第四季末	平均/合计数
1	员工总人数/人	1 106	1 110	1 112	1 104	1 108
2	生产岗人数/人	825	831	810	807	818
3	管理岗人数/人	186	188	187	175	184
4	技术岗人数/人	95	91	115	122	106
5	员工薪资总额/万元	1 857.3	1 892.1	2 104.9	2 188.7	8 043.1
6	生产岗薪资总额/万元	1 200.4	1 204.1	1 229.6	1 280.2	4 914.3
7	管理岗薪资总额/万元	329.2	344.0	340.5	333.9	1 347.7
8	技术岗薪资总额/万元	327.8	344.0	534.8	574.6	1781.1

附表5　2021—2024年1月中国智能手机出货量与上市新机型款数统计表

序号	项目	2021年	2022年	2023年	2024年1月
1	智能手机出货量/万台	33 290	28 730	27 120	2 951
2	新机型上市款数/个	483	386	356	17

附表6　2021—2024年1月乙公司智能手机出货量与上市新机型款数统计表

序号	项目	2021年	2022年	2023年	其中1月
1	智能手机销售量/万台	145.3	137.6	140.5	16.2
2	智能手机销售总额/万元	302 596.1	284 665.7	270 324.9	32 757.6
3	新机型上市款数/个	1		1	0

用户ID	商品类别	购买数量	购买时间	出生日期	用户性别
826548523	70011667	1	2023-01-01	1985-11-07	1
655487220	70011669	1	2023-01-01	1991-06-23	0
1032985482	70011669	1	2023-01-01	1998-05-20	1
47005658	70011667	1	2023-01-01	1979-12-06	0
2173548921	70011668	1	2023-01-01	1994-06-02	0
573049574	70011667	1	2023-01-01	1993-02-19	0

附图 1　电商平台购买商品信息表（部分）

6.1.2　部分计算公式

$$客户复购率(留存率) = \frac{购买2次及以上客户数}{商品购买总人数} \times 100\%$$

$$总资产周转率 = \frac{营业收入}{平均资产总额}$$

$$平均资产总额 = \frac{资产年初数 + 资产年末数}{2}$$

$$销售(营业)毛利率 = \frac{营业收入 - 营业成本}{营业收入} \times 100\%$$

$$总资产增长率 = \frac{资产年末数 - 资产年初数}{资产年初数} \times 100\%$$

$$资产负债率 = \frac{负债总额}{资产总额} \times 100\%$$

6.2　参考资料

无。

参考文献

[1] 吴花平,陈继.数据可视化[M].北京:清华大学出版社,2023.

[2] 吴洪贵.商务数据分析与应用[M].北京:高等教育出版社,2019.

[3] 张良均,王路,谭立云,等.Python数据分析与挖掘实战[M].北京:机械工业出版社,2016.

[4] 胡广伟.数据思维[M].北京:清华大学出版社,2020.

[5] 李渝方.数据分析之道:用数据思维指导业务实战[M].北京:电子工业出版社,2022.

[6] 黑马程序员.数据分析思维与可视化[M].北京:清华大学出版社,2019.